CHE GUEVARA

ITINÉRAIRES D'UN RÉVOLUTIONNAIRE

LOÏC ABRASSART

LES ESSENTIELS MILAN

Sommaire

Cartes : voyages et guérillas du Che 4-5

La jeunesse d'Ernesto Guevara

Un enfant différent 6-7
La soif de découvrir 8-9
À la découverte de l'Amérique 10-11
Dans le chaudron guatémaltèque 12-13
La rencontre 14-15

Au cœur de la révolution cubaine

Comandante Che Guevara 16-17
À l'école de la Sierra 18-19
La radicalisation 20-21
L'ambassadeur de la révolution 22-23
Les ministères du Che 24-25
L'échec de la diversification 26-27

Les dernières batailles du Che

La rupture 28-29
Le désastre congolais 30-31
Le dernier combat 32-33
Le guévarisme en Amérique latine 34-35

La pensée de Che Guevara

Un marxiste autodidacte 36-37
Les conceptions économiques du Che 38-39
L'homme nouveau : une nouvelle conscience révolutionnaire 40-41
L'homme nouveau : éthique et sacrifice 42-43
L'internationalisme prolétarien 44-45

Le mythe du Che

Le modèle d'une génération en révolte 46-47
Deux photographies pour un mythe 48-49
Une icône publicitaire 50-51
La légende noire du Che 52-53
Les multiples funérailles du Che 54-55

Approfondir

Extraits de textes d'Ernesto Che Guevara 56-57
Chronologie 58-59
Glossaire 60-61
Bibliographie 62
Index 63

Les mots suivis d'un astérisque (*) sont expliqués dans le glossaire.

Le Che au-delà du mythe

Qui se trouve derrière l'image ? La photographie de Che Guevara, intitulée le *Guerrillero Heroico*, prise en 1960 par Alberto Korda, est peut-être l'image la plus reproduite au monde. Elle a contribué à faire du Che une icône révolutionnaire, un mythe de l'engagement pur et sans compromissions. De son épopée latino-américaine dans sa jeunesse comme de sa mort en Bolivie, les armes à la main, on serait tenté de ne retenir que la figure d'un aventurier généreux, d'un idéaliste engagé, en somme. Che Guevara est beaucoup plus que cela. Ministre de l'Industrie de la jeune révolution cubaine, théoricien de la lutte armée, artisan de la réforme agraire, dirigeant intransigeant et égalitariste, marxiste critique, Ernesto Guevara, dit le « Che », est devenu une légende de son vivant, car sa trajectoire de vagabond humaniste a rencontré celle de Fidel Castro et de la révolution cubaine. C'est à travers elle que s'est construite son aura, qui lui a ensuite permis de devenir, dans le domaine des idées marxistes comme sur la scène internationale, le pourfendeur du socialisme soviétique comme de l'impérialisme étasunien. En retraçant sa vie, ses victoires et ses échecs, mais également en mettant en relief ses principaux apports au marxisme et en donnant des clés de lecture de son mythe, ce livre ouvre quelques pistes pour mieux comprendre l'homme derrière la légende.

Voyages et guérillas du Che

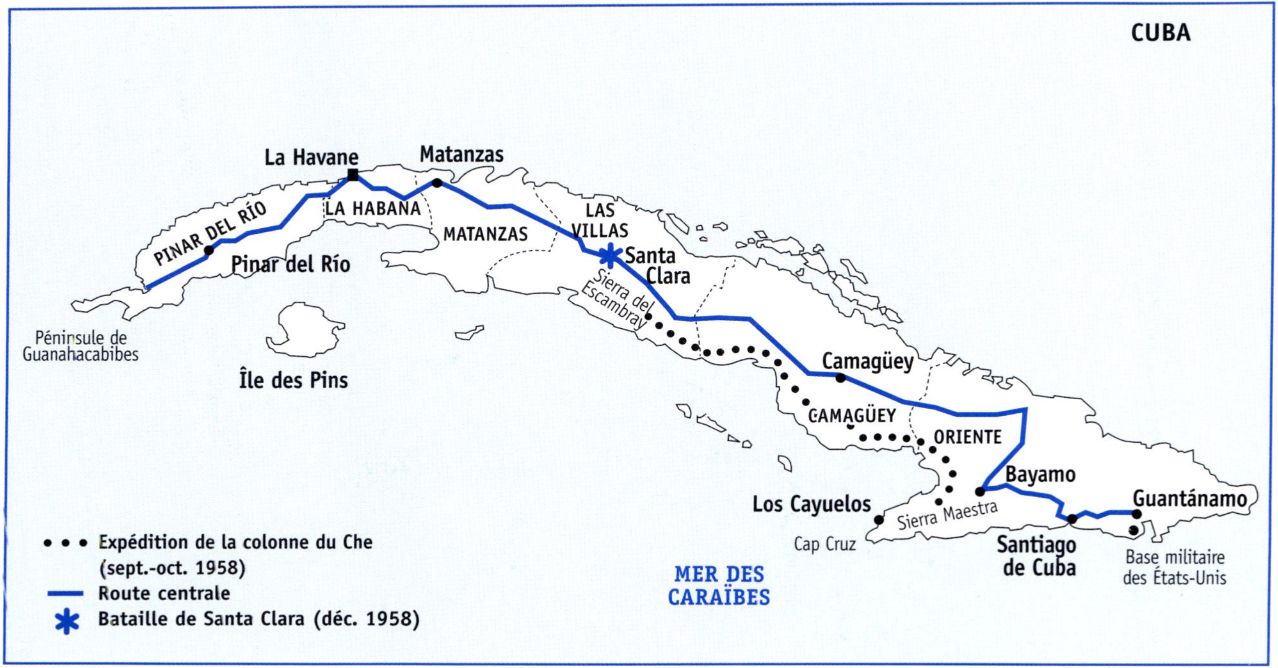
CUBA
La Havane
Matanzas
PINAR DEL RÍO
LA HABANA
MATANZAS
LAS VILLAS
Santa Clara
Pinar del Río
Sierra del Escambray
Péninsule de Guanahacabibes
Île des Pins
Camagüey
CAMAGÜEY
ORIENTE
Bayamo
Guantánamo
Los Cayuelos
Sierra Maestra
Cap Cruz
Santiago de Cuba
Base militaire des États-Unis
MER DES CARAÏBES
Expédition de la colonne du Che (sept.-oct. 1958)
Route centrale
Bataille de Santa Clara (déc. 1958)

Un enfant différent

Ernesto Guevara naît en 1928 en Argentine. À l'âge de 2 ans, il est atteint d'un asthme sévère qui le handicape fortement, mais qu'il cherchera toujours à surmonter.

Les ancêtres

Ernesto Guevara compte parmi ses ancêtres des immigrants irlandais et espagnols, un chercheur d'or en Californie, des grands propriétaires terriens, mais aussi le dernier vice-roi du Pérou, José de la Serna e Hinojosa.

Un enfant asthmatique

Ernesto Guevara de la Serna naît le 14 juin 1928 à Rosario, en Argentine. Il passe les premiers mois de sa vie dans la province reculée et au climat tropical de Misiones, à Carataguay. Là, Ernesto Guevara Lynch, son père, a tenté l'aventure d'une plantation de *yerba mate**, une affaire plus ou moins florissante. En 1929, la famille Guevara déménage à San Isidro, non loin de Buenos Aires, où le père s'occupe d'un chantier naval dont il est actionnaire. En mai 1930, après une baignade dans l'eau froide, Ernestito attrape une bronchite. C'est sa première crise d'asthme, la maladie ne le quittera plus. Elle force la famille à rechercher des latitudes plus propices au petit malade. La capitale ne convient pas : ce sera Alta Gracia, sur les contreforts des Andes, dans la province de Córdoba. Victime de violentes et fréquentes crises d'asthme, Ernestito, aussi surnommé « Teté », ne va pas à l'école. C'est sa mère, Celia de la Serna, très cultivée, qui lui apprend à lire et à écrire et lui donne le goût de la lecture. Souvent prostré à la maison lors de ses crises, Ernesto dévore durant son enfance récits de voyages et romans d'aventure : Jules Verne, Robert Louis Stevenson, Alexandre Dumas, etc.

Dépasser ses limites

La maladie ne parvient pas à étouffer l'énergie du petit Ernesto, très entouré. Les parents incitent leurs enfants (Celia, née en 1929, Roberto en 1932, Ana María en 1934, Juan Martín en 1943) à pratiquer de nombreuses activités physiques. Malgré sa maladie,

Ernesto fait de la natation, de l'équitation, de l'escalade. Très jeune, il cherche à dépasser les limites que lui impose l'asthme. Il est téméraire, volontaire, casse-cou même. Il commence à fréquenter l'école vers l'âge de 8 ans, bien qu'irrégulièrement. Issu d'une famille intellectuelle de la classe moyenne, Ernesto se frotte à des enfants de tous les milieux sociaux : fils de paysans, d'employés de maison, de maçons qui travaillent sur les chantiers de son père, enfants des quartiers pauvres proches de la maison familiale. Celle-ci se transforme vite en un lieu ouvert aux gamins des rues, mais aussi à tous les vents politiques.

« Ce mal terrible »

« Ernesto grandissait avec ce mal terrible qui commençait à nous envelopper. [...] Voir souffrir son fils d'une manière quasi permanente, même si le mal n'est pas grave, est une épreuve qui détruit les nerfs. Je n'ai jamais pu m'habituer à l'entendre respirer avec ses miaulements de chat. »

Ernesto Guevara Lynch, *Che Guevara, mon fils*, 1985.

Premiers contacts avec la politique

En 1937, la guerre d'Espagne entre dans la vie du petit Guevara. Son oncle, le poète communiste Cayetano Córdova Iturburu, est envoyé comme correspondant pour couvrir la lutte entre républicains et fascistes. Sa tante et ses cousins venus habiter chez eux reçoivent régulièrement des nouvelles du front. Plusieurs familles de réfugiés espagnols viennent s'installer à Alta Gracia, avec lesquelles la famille Guevara fraternise. C'est le premier contact du jeune Ernesto avec la « politique » au sens large. Plus généralement, les enfants Guevara baignent dans un climat familial politique et intellectuel progressiste. Celia de la Serna est féministe, socialiste et anticléricale. Issue d'une famille de grands propriétaires terriens, elle a cultivé son indépendance très jeune. Ernesto Guevara Lynch participe à un comité de soutien à l'Espagne républicaine, puis milite au sein de l'organisation antifasciste Acción Argentina, alors que se profile, dans le pays, une droite nationaliste, catholique et d'inspiration fasciste.

Souffrant d'asthme dès le plus jeune âge, Ernesto Guevara arrive peu à peu à domestiquer sa maladie. Il grandit dans une famille cultivée et politisée et dans un environnement social très ouvert.

La soif de découvrir

Élève médiocre, le jeune Ernesto Guevara s'adonne aux sports les plus exigeants malgré son asthme. Il lit aussi beaucoup et ne craint pas, très jeune, de subvenir à ses propres besoins en travaillant.

De Perón...

Le colonel Juan Domingo Perón (1895-1974), inspiré par le fascisme italien, participe au coup d'État argentin de 1943. Nommé secrétaire d'État au Travail, il se distingue par des réformes sociales et la promotion de syndicats ouvriers contrôlés par le pouvoir.

Du sport et des livres

En 1943, la famille déménage à Córdoba, la capitale de la province. Là, Ernesto Guevara suit les cours du lycée public Deán Funes, où il se lie d'amitié avec les frères Granado : Tomás, son camarade de classe, et Alberto, de six ans son aîné. Avec ce dernier, il s'initie au rugby, un défi pour son asthme. Il garde toujours sur le bord du terrain son insufflateur et apprend à se faire seul des piqûres d'adrénaline qui le soulagent lors des crises. Sur le terrain, capable de se surpasser, il est surnommé « Fuser » (Furibundo Serna, « Serna le furibond ») par son ami Alberto. Il joue aux échecs, participe à des compétitions sportives, mais ne brille pas par ses résultats en classe. Pourtant, il continue d'être un lecteur infatigable, autant par goût et par curiosité que pour occuper les longs moments d'inactivité provoqués par sa maladie. Il lit les auteurs latino-américains (Quiroga, Neruda, Ingenieros), étasuniens (London, Steinbeck, Faulkner) ou européens (Zola, García Lorca), mais aussi de la psychanalyse (Adler, Freud, Jung) et de la philosophie (Platon, Marx). Grâce à sa mère, qui lui apprend le français, il dévore les poètes (Verlaine, Baudelaire, Mallarmé), dont certains dans le texte.

Anticonformiste

D'une curiosité intellectuelle très poussée, Ernesto ne semble guère s'intéresser à la vie politique. Après le coup d'État militaire de juin 1943, son ami Alberto se retrouve en prison suite aux grèves étudiantes. Il enjoint Ernesto et son propre frère Tomás d'organiser des manifestations, ce à quoi le jeune Guevara répond par la négative : « *Pas question, moi je ne descends dans la rue que si on me donne un flingue.* » Plus que prémonitoire, l'anecdote révèle surtout l'anticonformisme d'Ernesto : alors que ses parents s'engagent contre Perón et qu'il navigue dans le milieu étudiant très antipéroniste, il discute et débat mais ne s'engage pas. Anticonformiste, il l'est aussi dans sa façon d'être, portant un total désintérêt à son apparence physique ou à sa manière de s'habiller. Une fois son bac en poche, il penche pour une école d'ingénieurs. Mais l'agonie de sa grand-mère paternelle Ana Isabel, dont il est très proche et qu'il assiste jusqu'à la mort, va précipiter un changement important dans sa vie. Il décide de s'inscrire à la faculté de médecine de Buenos Aires à la rentrée universitaire de mars 1947. Sans doute sa propre maladie et celle de sa mère (atteinte d'un cancer du sein) ne sont pas étrangères à ce revirement. Il choisit de se spécialiser en allergologie*. Étudiant, il vit de petits boulots, refuse l'aide financière de ses parents, voyage en stop.

... au péronisme

Devenu très populaire auprès des *descamisados, Perón est destitué et arrêté, mais une immense manifestation le sort de prison le 17 octobre 1945. Il remporte les élections de 1946 et met sur pied un régime mêlant populisme autoritaire et nationalisme.**

L'appel du large

En novembre 1949, pendant les vacances de l'été austral, il décide de rejoindre Alberto Granado, qui travaille dans une léproserie* à San Francisco del Chañar, près de Córdoba. Il monte un petit moteur sur un vélo et part pour un périple de plus de 4 000 km sur les routes, expérimentant la solitude du voyageur, les rencontres de hasard. L'année suivante, en décembre, il s'embarque comme infirmier sur des navires de la marine marchande à destination des Caraïbes, du Brésil ou du sud de l'Argentine. Il renouvelle l'expérience en 1951, revenant à Buenos Aires uniquement pour les périodes de cours et d'examens.

Sportif accompli, anticonformiste notoire, Ernesto Guevara accumule les lectures durant ses années de lycée et d'université. Autonome, farouchement indépendant, il part facilement à l'aventure.

À la découverte de l'Amérique

À la fin de l'année 1951, Alberto Granado propose au jeune Guevara de partir pour un voyage à moto à travers l'Amérique du Sud. Ce voyage initiatique, sans véritable autre but que l'aventure, transforme Ernesto.

L'« *Amérique majuscule* »

« Le personnage qui a écrit ces notes est mort en foulant à nouveau le sol argentin. [...] Cette errance sans but à travers notre "Amérique majuscule" m'a changé davantage que je ne le croyais. »
Che Guevara, *Voyage à motocyclette*, 1994.

Mon destin

« Je sais maintenant, en acceptant ce fait avec une sorte de fatalisme, que mon destin est de voyager. »
Che Guevara, *Voyage à motocyclette*, 1994.

La route

Alberto Granado avait appelé sa moto la Poderosa II (la « Puissante »). Pendant les deux premiers mois de leur voyage, débuté en janvier 1952, elle leur joue pourtant des mauvais tours : crevaisons, pannes, accidents... Sur les routes poussiéreuses des Andes, la moto avance difficilement. Ils l'abandonnent finalement au Chili en mars et poursuivent leur périple à pied, en auto-stop, en camion, en paquebot, en avion militaire ou même en radeau sur l'un des affluents de l'Amazone. Ils dorment dans des hôpitaux, faisant valoir leur condition de médecins, travaillent pour pouvoir manger ou payer leur déplacement jusqu'à l'étape suivante. Sur le trajet, ils sont accueillis par des médecins spécialistes, comme Granado, de la lèpre. Au hasard des rencontres, ils soignent des malades. Ils visitent plusieurs léproseries*, dont celle de San Pablo, où ils restent plusieurs jours au contact des lépreux. Au Chili, ils visitent les immenses mines de cuivre de Chuquicamata, détenues par des capitaux étasuniens. Là, ils font une rencontre qui marque Ernesto : celle d'un couple d'ouvriers communistes victimes de la répression, avec qui ils passent la nuit. « *Ce couple transi et blotti dans la nuit du désert était la vive représentation du prolétariat de n'importe quelle partie du monde.* [...] *C'est l'une des fois où j'ai le plus souffert du froid, mais aussi où je me suis senti davantage fraterniser avec cette espèce humaine, si étrange pour moi...* », écrit-il dans son

journal. Au Pérou, Alberto et Ernesto découvrent les splendeurs de la civilisation inca et le Machu Picchu, qui impressionne un Guevara passionné d'archéologie. Ils y découvrent aussi le mépris envers les indigènes. En Colombie, en pleine jungle, ils parviennent à convaincre le président d'un club de foot de les engager comme entraîneurs... Arrivés au Venezuela, Alberto trouve un poste de médecin et Ernesto tient sa promesse de rentrer en Argentine finir ses études.

Juin 1952 : Alberto Granado et Ernesto Guevara (à droite) descendent l'Amazone sur un radeau, le *Mambo Tango*.

Un carnet de voyage

À son retour à Buenos Aires, en septembre 1952, Guevara se consacre à ses examens de médecine pendant plusieurs mois et parvient à décrocher son diplôme le 12 juin 1953. Il travaille aussi dans le laboratoire du docteur Pisani, un célèbre allergologue qui fut son médecin. Durant cette période, il s'attelle également à la rédaction définitive de son journal, *Notas de viaje*, qui n'est pas « *le récit d'exploits fabuleux* », mais « *un fragment de nos vies parallèles, au temps où nous parcourions ensemble un même bout de chemin* », selon ses propos. Durant son périple avec Alberto, Ernesto a tenu un journal de bord. Il y a noté les événements, les anecdotes, esquissé quelques réflexions sur les situations qu'il a rencontrées. Son récit de voyage, dans la tradition de la *beat generation**, agrémenté d'une prise de conscience sociale aiguë, est sans doute l'ouvrage le plus lu d'Ernesto Guevara. En le confrontant à la misère, à la pauvreté, aux maladies, au racisme envers les indigènes, en lui faisant découvrir les cultures précolombiennes, ce voyage lui a permis d'ouvrir grand les yeux sur l'Amérique latine. Au terme de cette pérégrination, plus que révolutionnaire, Guevara se découvre « américain ».

Au cours de ce voyage de huit mois, Ernesto Guevara découvre les réalités sociales et culturelles de l'Amérique latine. Il en revient avec une conscience aiguisée et la ferme intention de repartir.

Dans le chaudron guatémaltèque

Lors d'un second voyage à travers l'Amérique latine, à partir de juillet 1953, Ernesto Guevara observe, en Bolivie et au Guatemala, les expériences de réformes sociales et économiques profondes menées par des gouvernements progressistes.

L'effervescence bolivienne

Le 7 juillet 1953, en compagnie de son ami Carlos Ferrer, dit Calica, Ernesto Guevara reprend le chemin du nord, en train cette fois. À la famille et aux amis venus les accompagner à la gare il lance : « *Ici va un soldat d'Amérique !* » Ils arrivent à La Paz, en Bolivie, le 11 juillet. Agités par des manifestations massives, la ville comme le pays sont en effervescence. Depuis un an, le gouvernement réformateur de Víctor Paz Estenssoro a engagé une série de réformes dans ce pays à majorité indigène : redistribution des terres, nationalisation* des mines, suffrage universel. Après un mois en Bolivie, Guevara poursuit son voyage au Pérou et décide de changer sa destination finale : il renonce à rejoindre son ami Alberto Granado au Venezuela pour se rendre au Guatemala, sur les conseils d'un jeune avocat argentin, Ricardo Rojo. Il prend le bateau à Guayaquil, en Équateur, à destination du Panamá, survit en vendant des articles à des journaux et en effectuant des petits travaux, voyageant ensuite en auto-stop ou même à pied. Au Costa Rica, il rencontre pour la première fois des exilés politiques cubains.

« L'Amérique sera le théâtre de mes aventures avec un caractère beaucoup plus important que je ne l'aurais cru. Je crois réellement être arrivé à la comprendre et je me sens américain, avec un caractère distinctif de n'importe quel autre peuple de la terre. » Che Guevara, lettre à sa mère, avril 1954.

La « révolution » guatémaltèque

Guevara arrive en décembre 1953 au Guatemala, l'un des pays les plus pauvres d'Amérique latine. Le colonel Jacobo Arbenz, élu président en 1951, y a engagé une série de réformes : expropriation* des terres non cultivées au profit des paysans pauvres, instauration d'un impôt sur le revenu, d'un salaire minimum, du droit de grève. Guevara y reste pour un séjour de plus de huit mois qui va le marquer et provoquer son « entrée en politique ». Il rencontre Hilda Gadea, une militante péruvienne exilée, de trois ans son aînée. Ils sympathisent très vite, et commence entre eux une passion très intellectuelle : ils échangent des livres, elle lui fait découvrir Mao Tsé-Toung, ils parlent de Sartre, de politique et d'histoire. Par son entremise, il rencontre le petit milieu des exilés politiques, comme le Cubain Ñico López, qui a déjà participé à des actions armées à Cuba et qui l'impressionne beaucoup. Il ne parvient pas à trouver un emploi de médecin malgré ses tentatives, mais sa situation économique précaire ne l'empêche pas de s'enthousiasmer pour l'expérience guatémaltèque, tout en continuant à projeter d'autres voyages : le Mexique, l'Europe de l'Ouest, qui reste son rêve, les pays de l'Est, la Chine...

« J'ai eu l'occasion de passer sur les terres de la United Fruit, où j'ai pu constater une fois de plus les ravages des poulpes capitalistes. [...] J'ai juré de ne pas me reposer avant de les avoir anéantis. »
Che Guevara, lettre à sa tante Beatriz, 10 décembre 1953.

Le coup d'État

La politique d'Arbenz rencontre l'hostilité croissante des États-Unis, qui craignent l'instauration d'un foyer « communiste » en Amérique centrale, ainsi que celle de la puissante compagnie bananière étasunienne United Fruit Company, principale cible de la réforme agraire. La CIA* arme une petite troupe sous les ordres de Carlos Castillo Armas et provoque, avec l'appui de l'aviation hondurienne, qui bombarde Ciudad Guatemala, la démission du gouvernement Arbenz le 24 juin 1954. Guevara se rend à l'ambassade d'Argentine, qui accueille plusieurs dizaines de réfugiés politiques de toutes nationalités, parmi lesquels des communistes guatémaltèques dont il se sent proche. Au bout de deux mois, il part pour le Mexique.

Le second voyage d'Ernesto Guevara signe son « entrée en politique ». Le coup d'État organisé par les États-Unis au Guatemala et le contact prolongé avec des militants aguerris l'ont transformé.

La rencontre

Échoué au Mexique, Ernesto Guevara continue à fréquenter, avec sa compagne Hilda Gadea, un groupe de Cubains exilés, jusqu'au mois de juillet 1955, où il rencontre Fidel Castro.

« *Che* »

C'est au Mexique qu'Ernesto Guevara devient le « *Che* ». Les Cubains lui donnent ce surnom en raison de l'interjection *che* que les Argentins ont l'habitude de placer en début de phrase.

Les retrouvailles

Au Mexique, Ernesto Guevara cherche à nouveau un emploi de médecin. Accepté comme auxiliaire de recherche en allergologie* à l'Hôpital général de Mexico, il conduit plusieurs études sur les allergies alimentaires. Mais, pour vivre, il se fait photographe : il tire le portrait de gens dans la rue ou immortalise les réceptions familiales. Il décroche même un poste de correspondant à l'agence de presse argentine, pour qui il couvre les Jeux panaméricains en mars 1955. Sa relation avec Hilda Gadea, qui l'a rejoint dans la capitale mexicaine, se poursuit avec des hauts et des bas. Guevara réitère sans succès sa proposition de mariage, déjà repoussée lors de leur séjour guatémaltèque. En mai, elle finit par consentir. Ils se marient finalement en août en découvrant la grossesse d'Hilda.

Le tête-à-tête

À Mexico, Ernesto a retrouvé son ami cubain Ñico López, et le couple Guevara-Gadea se remet à fréquenter un groupe d'exilés cubains. En mai 1955, les militants condamnés suite à l'attaque en 1953 de la caserne de la Moncada, à Santiago de Cuba, sont libérés. Le groupe grossit de nouvelles arrivées. Ernesto rencontre d'abord Raúl Castro en juin, puis, un soir de juillet, il a une entrevue avec Fidel Castro. Selon la légende, Guevara et Castro parlent à bâtons rompus toute la nuit et, au petit matin, l'Argentin a déjà rejoint le projet d'invasion de l'île. L'effet qu'ils produisent l'un sur l'autre est tout sauf anodin. « *L'événement politique, c'est d'avoir connu*

> *« Non seulement je ne suis pas modéré, mais j'essaierai de ne jamais l'être. [...] Pour toute grande œuvre il faut de la passion et pour la Révolution il faut de la passion et de l'audace à hautes doses. »*
> **Che Guevara, lettre à sa mère, 15 juillet 1956.**

Fidel Castro, le révolutionnaire cubain, un garçon jeune, intelligent, très sûr de lui et d'une audace extraordinaire ; je crois que nous avons mutuellement sympathisé », écrit Ernesto dans son journal. Très vite, Guevara s'incorpore comme médecin au projet de lutte armée contre le régime de Batista.

> *« Je ne suis ni le Christ ni un philanthrope. Pour les choses auxquelles je crois, je lutte avec toutes les armes à ma portée et j'essaie de laisser l'autre à terre au lieu de me laisser clouer sur une croix ou à tout autre endroit. »*
> **Che Guevara, lettre à sa mère, 15 juillet 1956.**

Les préparatifs

Lorsque la petite Hilda Beatriz naît le 15 février 1956, les préparatifs d'invasion avancent. Sous la conduite d'un Mexicain, puis d'un ex-colonel de l'armée républicaine espagnole, Alberto Bayo, les futurs combattants s'entraînent à la marche nocturne, au maniement des armes et au tir, suivent une instruction militaire théorique, apprennent le combat, la discipline, les techniques de sabotage et de camouflage... Guevara est nommé responsable de l'intendance par Fidel Castro, et il se révèle être le meilleur élément du groupe. Mais, le 20 juin 1956, une vaste opération de police aboutit à l'arrestation de presque tous les membres du groupe et la saisie de plusieurs caches d'armes. Si la plupart sont libérés au bout de quelques jours, Ernesto Guevara reste en prison, faute de papiers en règle. Fidel Castro ne l'abandonne pas et dépense de grosses sommes d'argent pour le faire libérer. Cette loyauté, à n'en pas douter, contribue à renforcer leur amitié. Le groupe se reconstitue dans la clandestinité la plus totale, les réserves d'armes sont réapprovisionnées, un vieux bateau, le *Granma*, est acheté... Mais des désertions et une trahison décident Fidel Castro à précipiter le départ. Dans la nuit du 24 au 25 novembre, ils sont 82 hommes à grimper à bord d'une embarcation surchargée, sur une mer déchaînée, dans le golfe du Mexique.

> Au Mexique, la rencontre avec Fidel Castro change le cours de la vie d'Ernesto Guevara. Il s'engage, à 28 ans, dans la guérilla cubaine comme médecin.

Comandante Che Guevara

Lorsqu'il débarque à Cuba en 1956, Ernesto Guevara n'a aucune expérience de la lutte armée. Dans la Sierra Maestra, en quelques mois, il devient un élément indispensable de la guérilla dirigée par Fidel Castro.

Che Guevara (à gauche), Fidel Castro (debout), Juan Almeida, Ramiro Valdés et Calixto García dans la Sierra Maestra.

Le Che est *« celui qui a montré les plus grandes capacités militaires et d'organisation, [...] celui qui suscite le plus d'enthousiasme et de confiance dans le peuple... »* Fidel Castro, lettre à Camilo Cienfuegos, 14 octobre 1958.

La résurrection

Après sept jours d'une traversée houleuse, le débarquement du *Granma* est un véritable désastre. Repérée par l'armée, enlisée dans les marécages, la troupe rebelle est attaquée et décimée. Seuls une vingtaine de guérilleros ont réussi à survivre ; ils se regroupent dans la Sierra Maestra, le massif montagneux du sud de l'île où Fidel Castro a choisi d'établir sa guérilla. Grâce à l'aide du réseau urbain du M26-7*, le mouvement créé par Fidel Castro avant son exil mexicain, les rebelles reconstituent peu à peu leurs forces. Au bout d'un mois, ils mènent une attaque victorieuse contre une caserne et révèlent ainsi aux yeux de tous que les insurgés sont bien là. Commence alors une aventure guerrière de deux années, rythmée par les offensives de l'armée et les coups d'éclat de la guérilla, qui parviendra, de mai à août 1958, à tenir tête à 10 000 soldats envoyés pour écraser l'insurrection. Lâché par les États-Unis, le général Batista s'enfuit de Cuba le 1er janvier 1959.

Comandante

Dans la Sierra, les conditions de vie sont extrêmement rudes, notamment pour Che Guevara. Le climat humide aggrave ses crises d'asthme et les médicaments manquent souvent. Pourtant, le Che, en plus de sa fonction de médecin, prend part aux combats et se signale par son courage. Lorsque la troupe grossit, Fidel décide en juillet 1957 de la scinder et de créer une seconde colonne qui opérera plus à l'est de la Sierra. Elle est confiée à Che Guevara, lequel a su prouver ses capacités de commandement. Quelques semaines plus tard, Fidel le nomme « commandant », le plus haut grade de l'armée rebelle. Il devient ainsi le numéro deux de la guérilla. Il reconnaîtra plus tard en avoir éprouvé de la fierté. Réputé dur et inflexible avec ses hommes, il exige d'eux ce qu'il s'impose à lui-même : une discipline de fer, un dépassement de soi de tous les instants. Mais on lui reconnaît un sens de la justice et de l'égalité incorruptible. Il ne s'accorde aucun privilège et n'hésite pas à être en première ligne lors des combats.

La morale

« Discipline et morale sont les bases sur lesquelles repose la force d'une armée rebelle. [...] *La morale au sens héroïque est cette force combative, cette confiance dans la victoire finale et dans la justice de la cause qui porte les soldats à accomplir les actes de bravoure les plus extraordinaires. »*
Che Guevara, *Verde Olivo*, 1962.

La bataille de Santa Clara

En septembre 1958, Che Guevara prend la tête d'une colonne de 150 hommes pour tenter de rejoindre la province de Las Villas, au centre du pays. Les objectifs de l'« invasion » décidée par Fidel Castro sont de couper Cuba en deux, de saboter les élections prévues par le régime de Batista et de renforcer le foyer de guérilla qui opère dans le massif de l'Escambray, au centre de l'île. Les rebelles mettent sept semaines pour parcourir 600 km à pied, dans des conditions terribles. La légende du Che commence à se former : tout Cuba sait que le *Comandante* a rompu l'encerclement de la Sierra au prix d'efforts surhumains. Le 15 décembre, Che Guevara lance une guerre éclair. En quelques jours, les révolutionnaires prennent le contrôle d'une douzaine de villes puis s'attaquent à Santa Clara, la capitale provinciale, défendue par 3 000 soldats, policiers et gardes ruraux et le fameux train blindé de Batista. Les rebelles ne sont guère plus de 300, mais, avec une ardeur décuplée et grâce à l'aide de la population civile insurgée, ils remportent la victoire. Les *barbudos** ont gagné. Le Che est un héros.

De la Sierra Maestra à la prise de Santa Clara, Che Guevara se révèle être un combattant exemplaire et un commandant respecté. Le mythe du *guerrillero heroico* est né.

À l'école de la Sierra

Au contact des paysans de la Sierra, Ernesto Guevara se forge une conscience révolutionnaire et déploie ses talents d'organisateur. Sa conception de la révolution en est profondément influencée.

Un mot magique

« Simultanément à l'incorporation des paysans à la lutte armée avec des revendications de liberté et de justice sociale, un mot magique qui mobilisa les masses opprimées de Cuba dans leur combat pour la possession de la terre fut prononcé : réforme agraire. »
Che Guevara, *Souvenirs de la guerre révolutionnaire*, 1967.

L'Argentin dans la montagne

Pour le Che, le premier et seul contact avec Cuba, jusqu'à sa victoire à Santa Clara, est la Sierra Maestra. Cette région de l'Oriente, la plus pauvre de Cuba, est habitée par des petits paysans démunis, en très grande majorité analphabètes, soumis aux propriétaires terriens et à la garde rurale. Dans cette île plutôt riche, la première des inégalités divise la ville et la campagne. Les travailleurs agricoles sont embauchés pour des périodes courtes, le temps de la *zafra**, et doivent survivre le reste de l'année. Ils vivent dans des habitations précaires et insalubres, les *bohíos**. Le médecin Guevara soigne ces villageois et gagne une reconnaissance importante, et réciproque : « *Ces patients et loyaux habitants de la Sierra n'ont jamais soupçonné le rôle qu'ils ont joué en forgeant notre idéologie révolutionnaire* » (*Souvenirs de la guerre révolutionnaire*, 1967). Peu à peu, le Che tisse tout un réseau de relations avec cette population rurale qui aide les guérilleros. Il cherche à faire de l'armée rebelle une « *armée paysanne* ».

La guérilla, une mini-société

Dans la Sierra, Che Guevara devient un organisateur hors pair. Avec sa colonne, à plusieurs reprises, il crée des campements fixes dans lesquels il met en place toute une infrastructure. L'armurerie expérimente la fabrication d'arbalètes lance-grenades. Une tannerie s'occupe de réparer les chaussures, de fabriquer des casquettes et des cartouchières. Un élevage de porcs et de volailles côtoie un four à pain. Un « hôpital » est mis sur pied, ainsi qu'une mini-centrale hydroélectrique. Plus tard, une fabrique de cigares voit le jour. Le Che s'engage auprès des paysans à acheter les récoltes de maïs ou de riz qu'il leur demande de semer. Il organise une école militaire pour les nouvelles recrues, alphabétise ses soldats, ouvre une école avec une institutrice pour les paysans... Le Che se rend indispensable aux *barbudos** comme aux *guajiros**.

Radio Rebelde

Le 24 février 1958 débutent les émissions clandestines de Radio Rebelde (« rebelle »), qui informent les Cubains des progrès de la guérilla et jouent un rôle psychologique stratégique au cours de la guerre.

La Sierra contre le *llano*

Cette expérience auprès des paysans marque le Che de manière définitive. Il en déduit la prééminence de la guérilla en milieu rural sur l'action politique dans les villes pour faire la révolution. À plusieurs reprises, le Che se heurte à la direction urbaine du Mouvement, appelée le *llano**, qu'il juge inefficace. En réalité, il ignore tout de la situation politique dans les villes. Mais son tropisme rural n'arrange pas les choses. Guevara acquiert une réputation de « communiste » et de radical, particulièrement sur le sujet de la réforme agraire. Lors des discussions entre différentes forces politiques sur l'après-Batista, le Che défend le principe d'une réforme agraire radicale. Contrairement au programme du M26-7*, qui opte pour une redistribution des terres progressive et l'indemnisation des propriétaires, il tranche : « *La terre à ceux qui la travaillent !* » Et sans indemnités. Lors de son séjour dans l'Escambray, à l'automne 1958, il signe l'« ordre militaire n° 1 » : confiscation immédiate des terres des serviteurs de la dictature, propriété de la terre travaillée pour tout ouvrier agricole ou fermier ayant deux ans d'ancienneté, suppression des taxes...

La vie misérable des paysans de la Sierra que côtoie Ernesto Guevara l'amène à radicaliser ses positions politiques. Proche des paysans, il s'en fait le défenseur le plus ardent.

La radicalisation

Au cours des premiers mois de 1959, le Che n'occupe pas le devant de la scène mais œuvre pour consolider le nouveau pouvoir et radicaliser le processus révolutionnaire.

Le divorce

Hilda Gadea arrive du Pérou le 21 janvier 1959 avec sa fille Hildita, âgée de 3 ans. Le Che lui annonce qu'il a rencontré Aleida March au cours de la guérilla et qu'il souhaite divorcer. Hilda restera à La Havane. Le Che se remarie le 2 juin 1959.

La Cabaña

Lorsque le Che arrive à La Havane, le 3 janvier 1959, Castro lui ordonne de prendre le contrôle de la forteresse militaire de La Cabaña, près du port. Le 8 janvier, alors que Fidel fait une entrée triomphale dans la capitale aux côtés de Camilo Cienfuegos, Guevara n'assiste pas à la gigantesque fête populaire de la victoire. Disgrâce ? Volonté de ne pas mettre en avant l'action d'un guérillero étranger, connu pour ses positions radicales ? Pour le moment, le Che est assigné à une tâche ingrate : celle de superviser les exécutions des policiers et des militaires responsables de la répression et des assassinats politiques sous l'ère Batista. Il ne fait en cela qu'appliquer les condamnations à mort décidées par les tribunaux révolutionnaires. Sans états d'âme, mais sans zèle particulier. Très vite, la presse internationale s'émeut de ces exécutions massives et de cette justice expéditive. On estime que 500 à 700 tortionnaires sont ainsi fusillés au cours du mois de janvier à La Cabaña. Le Che est aussi chargé d'organiser l'instruction des soldats, car Fidel veut faire de l'armée rebelle le pilier de la révolution.

Le *Grupo de Tarará*

Au bout de quelques semaines, les médecins prescrivent au Che, exténué et malade, un repos forcé à quelques kilomètres de la capitale, à Tarará. Alors que le nouveau gouvernement est composé en majorité de politiciens modérés, à Tarará se réunissent en secret Ernesto Guevara, Raúl Castro, Vilma Espín et d'autres dirigeants de la Sierra. Ils mettent sur pied l'appareil de sécurité du nouveau régime et préparent une loi de réforme agraire. Le décret du 17 mai 1959 est le premier acte de guerre contre les possessions agricoles étasuniennes dans l'île. D'ailleurs, les paysans n'ont pas attendu la loi pour occuper les terres à travers toute l'île et les États-Unis dénoncent les conditions d'indemnisation. D'autant que les mesures se succèdent : nationalisation* de la compagnie des téléphones, des transports en commun et baisse de 50 % des loyers au mois de mars.

« Le guérillero est fondamentalement et avant tout un révolutionnaire agraire. Il est l'interprète des aspirations de la grande masse paysanne qui veut être maîtresse de la terre. » **Che Guevara, « Qu'est-ce qu'un guérillero ? », journal *Revolución*, 19 février 1959.**

Le virage à gauche

Pour le Che, toutes ces mesures ne vont pas encore assez loin. Il aurait souhaité une confiscation des terres sans indemnisation et il prophétise, déjà, un affrontement inévitable avec les intérêts américains dans l'île si la révolution veut aller de l'avant. Castro cherche d'abord à temporiser entre les différentes fractions politiques : l'aile gauche, dominée par les communistes, son propre frère Raúl et le Che ; l'aile droite, avec le président Urrutia et les modérés ; le troisième groupe, composé de dirigeants du M26-7* issus du *llano** et défiants vis-à-vis des communistes du Parti socialiste populaire (PSP). Mais bientôt les tensions s'exacerbent dans le pays. Les propriétaires de raffineries de sucre et les éleveurs de la région de Camagüey renâclent à mettre en œuvre la réforme agraire. Le chef des forces aériennes Díaz Lanz s'enfuit aux États-Unis et lance une campagne anticommuniste contre Fidel. En juillet, Castro démissionne de son poste de Premier ministre pour provoquer la crise. Une grève générale secoue le pays et oblige le président Urrutia à renoncer au profit de Dorticós. Fidel reprend son poste.

Che Guevara fait partie des dirigeants révolutionnaires qui soutiennent la voie la plus radicale pour la révolution. Il joue un rôle clé dans l'élaboration de la première grande réforme agraire.

L'ambassadeur de la révolution

La montée des tensions diplomatiques et économiques avec les États-Unis oblige rapidement la révolution cubaine à se tourner vers d'autres partenaires commerciaux et politiques.

Cubain de naissance

En février 1959, un décret, spécialement conçu pour le Che, stipule qu'un commandant de l'armée rebelle pouvant faire état de plus d'un an d'activité dans la guérilla peut acquérir la nationalité cubaine... de naissance !

Un tour du monde

Dans sa jeunesse, le Che rêvait de parcourir le monde. C'est en tant que dirigeant révolutionnaire qu'il le fera désormais. Le 12 juin 1959, Ernesto Guevara inaugure une grande tournée internationale, avant tout pour populariser la révolution cubaine auprès des leaders du tiers-monde. En trois mois, il se rend en Égypte, en Syrie, en Inde, en Birmanie, en Thaïlande, au Japon, en Indonésie, en Malaisie, à Singapour, à Ceylan, au Pakistan, en Yougoslavie... Il rencontre l'Égyptien Nasser, l'Indien Nehru et l'Indonésien Sukarno, multiplie les visites officielles et les réceptions. Un voyage à l'opposé de ceux de ses années de jeunesse ! Malgré sa déception, il tire des enseignements des situations rencontrées. Au Caire, Nasser lui enseigne dans quelles conditions le pays s'est sorti de la crise de Suez, en 1956. Après la nationalisation* du canal, la Grande-Bretagne avait boycotté le coton égyptien ; l'URSS s'était portée acquéreur. Au Japon, le Che remarque qu'un pays sans matières premières a réussi à devenir un producteur d'acier et un champion industriel. Il observe aussi la planification et le système d'autogestion en Yougoslavie.

L'affrontement permanent

Dans l'immédiat, Cuba doit faire face à l'hostilité de plus en plus grande de son puissant voisin du nord, qui ne digère pas le cours pris par la révolution cubaine. Che Guevara est partisan d'un rapprochement avec l'URSS. En février 1960, un premier accord sucrier est signé avec les Soviétiques, qui offrent notamment du pétrole en échange. Mais les raffineries étasuniennes présentes sur l'île refusent de traiter les hydrocarbures soviétiques. Castro réplique par la nationalisation des compagnies étrangères. Les États-Unis annoncent alors qu'ils n'achèteront plus leur quota de sucre cubain. L'URSS est preneuse ! En octobre 1960, un premier embargo sur le commerce est décrété par les Américains, qui entraîne une nouvelle vague de nationalisations. La pénurie guette. Avant 1959, Cuba importait tous ses biens de consommation depuis les États-Unis. Il lui faut trouver d'urgence de nouveaux partenaires commerciaux.

Le cerveau

« Fidel est le cœur et l'âme de la Cuba actuelle. Raúl Castro en est le poing fermé sur la dague de la révolution. Guevara en est le cerveau. C'est lui qui est le responsable essentiel du tournant à gauche pris par Cuba. » Time Magazine, **8 août 1960.**

Les pays frères

C'est tout naturellement le Che qui est envoyé à la tête de la première délégation cubaine en URSS, en octobre 1960. Les Cubains veulent conclure avec les Soviétiques des accords pour s'assurer des débouchés commerciaux pour leur sucre, la ressource majeure de l'île. Du mausolée de Lénine, sur la place Rouge, au musée de l'Ermitage, à Leningrad, Che Guevara accomplit les rites de la visite officielle de bonne grâce. Il négocie l'octroi de crédits, l'achat d'équipements industriels susceptibles de permettre aux Cubains de produire eux-mêmes ce qu'ils devaient acheter ailleurs. Il se rend ensuite à Pékin, où il rencontre Mao Tsé-Toung, vend une partie de la prochaine récolte de canne et obtient des crédits. Puis il fait escale à Pyongyang, en Corée du Nord. De retour à Moscou, il signe des accords d'investissement pour exploiter les minerais (nickel, cuivre) du sous-sol cubain. En janvier 1961, les États-Unis, suivis de la quasi-totalité des pays latino-américains, rompent leurs relations diplomatiques avec Cuba. L'essentiel (la vente du sucre) est sauvé, mais tout reste à construire.

L'opposition frontale entre Cuba et les États-Unis conduit Fidel Castro à se tourner vers le bloc soviétique. Che Guevara se mue en ambassadeur de la jeune révolution.

Les ministères du Che

Pendant quatre ans, de 1960 à 1964, Che Guevara a une activité ministérielle intense. Conscient des faiblesses cubaines, il se fixe pour tâche de changer le modèle économique de l'île par le biais de l'industrialisation.

Une économie défaillante

En 1959, l'économie cubaine se caractérise par une distorsion très forte : si la culture de la canne à sucre représente l'essentiel des revenus du pays, la quasi-totalité de la consommation cubaine est importée des États-Unis : habits, machines, outils, viande, lait, postes de radio, voitures, produits d'hygiène... « *Du point de vue de la production, Cuba s'aperçut soudain qu'elle n'était pas un pays distinct, mais une péninsule commerciale des États-Unis* », rappelle l'écrivain Gabriel García Márquez (« La Havane au temps du blocus », *in Cuba, 30 ans de révolution*, 1989). Pour Che Guevara, la priorité, après la réforme agraire, est de doter Cuba d'une industrie lui permettant de produire ce dont elle a besoin, d'autant qu'avec les mesures sociales de la révolution (augmentation des salaires, baisse des loyers et des tarifs d'électricité ou de téléphone) la consommation prend un essor extraordinaire, notamment auprès de ceux qui en étaient auparavant exclus.

Apprendre les mathématiques

Quand il prend les rênes de l'économie cubaine, le Che n'a aucune connaissance en économie. En plus de ses activités, il prend des cours d'économie classique et marxiste, de mathématiques, d'algèbre, de calcul différentiel.

L'industrialisation

Le 7 octobre 1959, le Che est nommé chef du département de l'Industrialisation de l'INRA (Institut national de la réforme agraire). Sous sa coordination se retrouvent les entreprises et ateliers peu à peu nationalisés*. Il forme une petite école d'administration de cadres gestionnaires. Puis il est nommé président de la Banque nationale de Cuba en novembre 1959, d'où il cherche à contrôler la fuite des capitaux et à financer, par des crédits, les entreprises abandonnées par leurs propriétaires étrangers ou exilés pour éviter que le chômage n'augmente. Il mène donc plusieurs activités de front, mais son obsession reste l'industrialisation. Il veut mettre en place à Cuba une politique de substitution des importations et doter l'île d'un potentiel industriel complet. En URSS, à l'automne 1960, il a passé commande pour plus de cent usines, depuis la fabrication de brosses et de limes jusqu'à la production d'acier ou de pièces détachées... Lorsqu'il est nommé ministre de l'Industrie en février 1961, il a la haute main sur l'économie cubaine.

Un bourreau de travail

« Il attendait de tous qu'ils travaillent comme lui. C'était un personnage séducteur qui t'astreignait à des journées sauvages à te dégoûter. »
Raúl Maldonado, économiste équatorien ayant travaillé avec le Che.

Le travail volontaire

Le Che considère que la révolution ne réussira à surmonter ses difficultés que si chacun est capable de s'investir pleinement dans les tâches de construction ou de récolte de la canne, en sus de son activité rémunérée. Il met en pratique l'idée de « travail volontaire ». Dès novembre 1959, il participe lui-même le dimanche à la construction d'une école dans la province d'Oriente avec les ouvriers d'une usine voisine et des soldats de l'armée. Quand vient le temps de la *zafra**, il renouvelle l'idée pour la coupe de la canne. Pour lui, le travail volontaire le dimanche permet d'éveiller les consciences et d'éduquer par l'action. C'est « *une activité agréable, que l'on effectue gaiement,* [...] *avec des contacts humains qui dynamisent les hommes et élèvent les esprits* », explique-t-il dans un discours. C'est également pour Guevara le moyen de ne pas se couper du peuple. Et il exhorte les dirigeants à se comporter, comme lui, de manière exemplaire. Il refuse ainsi tout avantage dû à son rang et se contente de la *libreta**, le carnet de rationnement. Il refuse également de cumuler les salaires de ses différentes fonctions.

Dirigeant volontariste, Che Guevara espère rattraper le retard industriel de l'île. Se voulant exemplaire, il participe au travail volontaire et refuse les privilèges.

L'échec de la diversification

Les révolutionnaires au pouvoir veulent mener de front toutes les réformes : industrie, agriculture, société. Mais ces ambitions démesurées conduisent à l'échec.

L'échec de l'industrialisation

Le 21 janvier 1964, Fidel Castro signe, à Moscou, un accord d'achat du sucre cubain sur le long terme. Cette nouvelle priorité donnée à la culture de la canne à sucre, pourvoyeuse de devises, signe le coup d'arrêt des expérimentations menées par le Che, ou plutôt, les efforts d'industrialisation sont réorientés vers le secteur clé, l'agriculture : production de fertilisants, machines agricoles. L'échec de l'industrialisation à tout crin est en effet patent. À partir de 1961, les pénuries se sont multipliées. À celles qui touchent la population au quotidien s'ajoutent celles qui paralysent l'économie : manque de pièces de rechange, raréfaction des stocks de matières premières. Pour contrer le marché noir et assurer un maximum d'égalité entre les citoyens, un système de rationnement (la *libreta**) a été mis en place de façon durable à partir de 1962. En matière agricole, les tentatives de diversification de la production sont également un grave échec. L'introduction incohérente et désordonnée de nouvelles variétés de cultures a fait chuter la production agricole globale de 23 % et la production de sucre de 40 % entre 1961 et 1963.

L'égalitarisme

« *Il n'est pas correct qu'il y ait du savon à La Havane s'il n'y en a pas à la campagne; s'il n'y en a pas à la campagne, il ne doit pas y en avoir à La Havane* » : lors de la première Réunion nationale de la production, le 27 août 1961, le Che annonce de nouvelles pénuries, mais aussi le partage égalitaire des ressources et des biens.

Le coût des réalisations sociales

En se fixant des objectifs sociaux ambitieux, la révolution cubaine a paradoxalement fragilisé sa situation économique. La rapidité avec laquelle la population a eu accès à un système d'éducation et de santé a demandé un effort et des ressources qui n'ont pas été utilisés dans l'appareil productif. Ainsi, la grande campagne d'alphabétisation, menée au cours de l'année 1961, mobilise plus de 200 000 volontaires à travers le pays. Elle a des résultats spectaculaires et inégalés, mais elle pèse indirectement sur le rendement économique. Si l'intention est noble, la réalité se rappelle au Che : « *Nous voulions construire des écoles et nous les avons construites ; des hôpitaux et nous les avons faits. Nous avons fait des routes et des centres touristiques, des locaux pour ouvriers et des clubs. Les salaires ont augmenté. Et, en même temps, nous parlions de développement. C'était impossible, les mathématiques ne peuvent pas être forcées* » (cité par Paco Ignacio Taibo II, *in Ernesto Guevara, connu aussi comme le Che*, 1997).

La technique

***« Nous étions absolument des orphelins de la technique »*, reconnaît Che Guevara dans un discours en 1962. Avec la révolution, de nombreux ingénieurs et cadres techniques partent en exil. En attendant que de nouveaux techniciens soient formés, le pays manque d'encadrement.**

Critiques et autocritiques

Dès juillet 1963, Che Guevara reconnaît, lors d'un séminaire sur la planification tenu à Alger, l'échec de la diversification commerciale et industrielle. En décembre 1962 déjà, il constate que la « rupture » avec l'industrie sucrière a été une erreur et il reconnaît ses responsabilités. Guevara a certainement été trop optimiste, mais il a aussi surestimé le potentiel technique des nouveaux partenaires du bloc de l'Est. Bientôt, les Cubains se rendront à l'évidence : de nombreuses machines livrées par les Soviétiques sont obsolètes, certaines ne sont jamais livrées, d'autres ont un rendement bien inférieur à ce qu'ils auraient pu trouver pour le même prix... dans un pays capitaliste ! Le problème est d'avoir voulu tout faire et trop vite, mais aussi de n'avoir pas su estimer les capacités de l'île : le manque de matières premières (notamment énergétiques, comme le charbon ou le pétrole) rendait illusoires certains objectifs.

Les différentes politiques de diversification industrielle et agricole se révèlent être des échecs. En tant que ministre de l'Industrie, Che Guevara en porte une part de responsabilité.

La rupture

Che Guevara s'oppose de plus en plus à la politique de l'URSS, lui reprochant de manquer de solidarité envers les pays luttant pour leur indépendance ou le socialisme.

La bureaucratie

« Nous avons copié mécaniquement les expériences de pays frères et c'est une erreur [...] *qui freine le libre développement de nos forces et contribue dangereusement à l'un des phénomènes qui doit être combattu dans une révolution socialiste : la bureaucratie. »*
Che Guevara, cité par Paco Ignacio Taibo II *in Ernesto Guevara, connu aussi comme le Che*, 1997.

Le conflit sino-soviétique

À partir de la fin des années 1950, un conflit idéologique se développe entre l'URSS de Khrouchtchev et la Chine communiste de Mao. Après la mort de Staline, l'URSS entre dans une période de « coexistence pacifique* » avec les États-Unis. Les Chinois reprochent aux Soviétiques d'abandonner la lutte contre les pays capitalistes, voire de promouvoir l'idée qu'un passage pacifique au socialisme est possible. Le Parti communiste chinois considère au contraire que le conflit majeur oppose les mouvements de libération nationale (nous sommes en pleine période de décolonisation) et l'impérialisme, et soutient donc les luttes armées dans le tiers-monde. Il n'est donc pas étonnant que Che Guevara ait été sensible aux thèses chinoises, même si Fidel Castro finit par s'aligner sur l'URSS. À Cuba, le Che est même considéré comme « prochinois ». Mais ce n'est pas la seule raison qui le fait s'éloigner des Soviétiques. En Amérique latine, les partis communistes, alignés sur Moscou, condamnent majoritairement ses positions sur la lutte armée et son opposition frontale aux États-Unis.

La « *loi de la valeur* »

Che Guevara a un autre motif de divergence profonde avec l'URSS. À Cuba, au ministère de l'Industrie, il prône un fonctionnement économique fondé sur la centralisation des ressources. Il s'oppose à l'idée, défendue par les communistes cubains et en vigueur en URSS, que les entreprises puissent être gérées de manière autonome. Il considère que, dans une économie socialiste, chaque entreprise doit reverser dans un pot commun ses résultats et que les fonds doivent être affectés en fonction des besoins stratégiques de la révolution. La « *loi de la valeur* », en fait la loi du marché, est incompatible, pour le Che, avec la solidarité socialiste : « *Là où on utilise la loi de la valeur,* [...] *cela revient à faire passer le capitalisme en contrebande* » (réunion au ministère de l'Industrie, 5 décembre 1964). Par ailleurs, il combat l'idée d'attribuer des récompenses, en salaire ou en nature, aux travailleurs les plus productifs. Aux « stimulants matériels » il préfère les « stimulants moraux », comme l'accès à des formations professionnelles.

Le travail

« Vaincre le capitalisme à l'aide de ses propres fétiches auxquels on a enlevé la qualité magique la plus efficace, le profit, me semble être une entreprise difficile. [...] Le travail doit cesser d'être une nécessité pénible pour devenir un impératif agréable. »
Che Guevara, lettre à José Medero Mestre, février 1964.

Le discours d'Alger

En février 1965, lors d'une nouvelle tournée en Afrique, il dresse un réquisitoire contre la politique soviétique qui restera dans les annales comme le « discours d'Alger ». Il critique ouvertement l'URSS sur la manière dont elle apporte son aide (économique et militaire) aux jeunes nations luttant pour leur indépendance et aux autres pays socialistes. « *Que peut signifier la notion de "bénéfice mutuel" quand on vend au prix du marché mondial des matières premières produites par la sueur et la souffrance sans limite des pays pauvres et quand on achète au prix du marché mondial des machines fabriquées dans de grandes usines automatisées ?* [...] *Si les relations qui s'instaurent entre les nations sont de cette nature, alors les pays socialistes sont d'une certaine manière complices de l'exploitation impérialiste.* » C'est son dernier discours public en tant que dirigeant cubain. À son retour à La Havane, début mars, il s'enferme pendant quarante heures avec Fidel et Raúl Castro, qui lui reprochent violemment ses prises de position. La rupture est consommée.

Dans son « discours d'Alger », en 1965, Che Guevara affiche clairement ses divergences avec l'URSS, qu'il accuse de « *complicité* » avec « *l'exploitation impérialiste* ».

Le désastre congolais

Guevara pense trouver en Afrique un terrain de lutte favorable contre l'impérialisme. La guérilla congolaise se transforme en quelques mois en un échec retentissant.

Une foi toujours intacte

« J'ai appris au Congo. [...] *J'en suis sorti avec plus de foi que jamais dans la guérilla. Mais nous avons échoué. Ma responsabilité est grande ; je n'oublierai ni la défaite ni ses précieux enseignements. »* Che Guevara, *Passages de la guerre révolutionnaire : le Congo*, 2000.

La mort de Celia de la Serna

Au mois de mai 1965, en pleine forêt congolaise, la nouvelle de l'hospitalisation de sa mère affecte Ernesto Guevara. Elle meurt le 19 mai d'un cancer, sans avoir reçu la lettre d'adieu qu'il a rédigée pour ses parents.

L'Afrique

Lors de sa tournée africaine, début 1965, le Che rencontre plusieurs leaders de jeunes nations africaines récemment indépendantes. Pour le guérillero, qui cherche un foyer propice à la révolution et à la lutte contre l'impérialisme, l'Afrique semble toute désignée. Au contraire de l'Amérique latine, surveillée de près par les États-Unis, le continent africain lui apparaît plein de potentialités. Au Congo*, l'indépendantiste Patrice Lumumba, figure des luttes de libération africaines, a été assassiné en 1961 par les ex-colonisateurs belges, qui ne se résignent pas à abandonner les énormes richesses minières du pays. En 1964, ses partisans tentent de rallumer la rébellion congolaise. Che Guevara propose l'envoi d'instructeurs militaires cubains, avec l'accord de la Tanzanie voisine, qui soutient les rebelles, et de la Chine, qui leur envoie des armes. À Cuba, le Che annonce qu'il part couper la canne pendant un mois en Oriente...

Tatu

Officiellement, le Che ne fait pas partie de la centaine de Cubains, tous noirs, qui arrivent par petits groupes dans l'est du Congo. Arrivé incognito le 23 avril 1965, le Che, Tatu de son nom de guerre, révèle son identité. Mais Laurent-Désiré Kabila, le chef de la guérilla, ne veut pas que sa présence soit rendue publique. Sur place, le Che découvre une guérilla qui n'en est pas une : pas de combats, pas d'entraînement, alcoolisme, indiscipline et inexpérience des combattants, absence des chefs... Commence alors pour les Cubains une longue période d'inactivité... et de résistance face aux

Lors de la guérilla congolaise, en 1965, le Che (tout à gauche) s'isole de longs moments pour lire et écrire.

maladies (paludisme, dysenterie, fièvres) qui les affaiblissent. Lorsque enfin l'ordre d'attaque est lancé, en juin, la présence de soldats cubains est découverte par les troupes gouvernementales soutenues par la CIA* et encadrées par des mercenaires belges et sud-africains. Surtout, la rupture de la « paix armée » qui prévalait jusqu'alors provoque une offensive de grande ampleur. Malgré la situation catastrophique, Che Guevara ne veut pas abandonner. « *Notre situation devenait de plus en plus difficile, et le projet d'armée* [...] *s'évanouissait entre nos mains. J'étais encore imprégné de je ne sais quel optimisme aveugle qui m'empêchait de m'en rendre compte...* » (*Passages de la guerre révolutionnaire : le Congo*, 2000). À la fin du mois de novembre, sous la pression, les Cubains fuient le Congo.

L'adieu à Cuba

Pendant son absence de Cuba, dans la presse internationale, les spéculations sur le Che vont bon train. On le croit dans la guérilla colombienne ou vietnamienne, en Argentine, au Brésil, interné dans un hôpital psychiatrique de Mexico ou de La Havane, assassiné par Fidel Castro... Lorsqu'il quitte Cuba pour l'Afrique, en mars 1965, Guevara a laissé à Fidel une lettre d'adieu, destinée sans doute à être rendue publique s'il meurt. Mais le 3 octobre 1965, à la télévision, Fidel lit la lettre dans laquelle le Che, de façon très émouvante, prend congé de son ami, du peuple cubain, renonce à la nationalité cubaine et à toutes ses charges officielles. « *D'autres terres du monde réclament le concours de mes modestes efforts.* » Cet adieu à la révolution cubaine devenu « officiel », le Che ne conçoit pas de retourner à Cuba. S'il garde le soutien de Fidel, il n'a plus sa place à La Havane.

Le Che vit son premier échec de guérillero avec la guérilla congolaise. Pendant son absence, Fidel Castro rend publique sa lettre d'adieu dans laquelle il prend congé de la révolution cubaine.

Le dernier combat

En Bolivie, Che Guevara pense pouvoir implanter une guérilla au cœur de l'Amérique latine. Mais le projet est mal préparé, et l'opération se transforme en échec dramatique.

La Bolivie

Lors de son séjour à Prague, après le Congo*, Che Guevara cherche le moyen de s'investir dans une nouvelle guérilla. Son désir est toujours d'aller combattre en Argentine, mais la situation n'y est pas favorable. En germe depuis plusieurs années, l'idée de créer le foyer d'un front continental, qui essaimerait ensuite dans plusieurs pays andins, refait surface. La Bolivie est donc choisie pour sa situation géographique centrale, au contact du Pérou comme de l'Argentine. L'été 1966, le Che revient secrètement à Cuba et sélectionne la vingtaine de combattants qui le suivront dans sa nouvelle tentative de guérilla. Lorsqu'il débarque en novembre 1966 à La Paz, Che Guevara arrive en terrain hostile. Mario Monje, le secrétaire du Parti communiste bolivien, est hostile à l'idée d'implanter une guérilla rurale et Guevara estime, à tort, que de nombreux militants communistes le rejoindront dans la lutte armée. De plus, le lieu d'implantation choisi n'est pas le plus propice à une guérilla. Dépourvue de soutien politique solide dans le pays, la guérilla part sur des bases précaires, ne parvenant pas à recruter plus d'une quinzaine de combattants boliviens.

Debray

L'intellectuel français Régis Debray, envoyé par Castro auprès du Che en Bolivie, est arrêté en avril 1967 puis condamné à trente ans de prison. Il sera finalement libéré en 1970.

Le calvaire

Après trois mois de présence clandestine dans la vallée de Ñancahuazú, leur base, les guérilleros vont connaître à partir du mois de février 1967 un véritable calvaire et une série de déconvenues. Après une expédition de plusieurs semaines en pleine forêt vierge, au cours de laquelle ils se perdent, souffrent de la faim et des maladies, la présence de la guérilla est découverte par l'armée au mois de mars. Des déserteurs boliviens indiquent l'emplacement des campements des rebelles. D'autres trahisons suivent, comme celle de Ciro Bustos, qui dessine pour les services de renseignement boliviens le visage de tous les combattants et donne leurs noms. Rapidement coupés de leur base, le Che et ses compagnons d'armes errent pendant plusieurs mois dans les montagnes. Malgré quelques actions d'éclat, les guérilleros sont dans une situation désespérée : ils manquent de vivres, ne parviennent pas à nouer de liens avec les rares paysans locaux, qui les craignent, et l'armée bolivienne, épaulée par des conseillers militaires étasuniens, les pourchasse. Éternel optimiste à sa façon, le Che réagit dans son journal à la présence de la CIA* : « *Qui sait ? Peut-être assistons-nous au premier épisode d'un nouveau Vietnam.* »

« C'est un de ces moments où il faut prendre de grandes décisions. Ce genre de combat nous donne l'opportunité de devenir des révolutionnaires, échelon le plus élevé de l'espèce humaine, et il nous offre aussi la chance de réussir notre examen d'hommes. »
Che Guevara, *Journal de Bolivie*, 8 août 1967.

La capture

Sale et amaigri, miné par l'asthme qu'il ne peut plus soigner faute de médicaments, Che Guevara a l'apparence d'un fantôme lorsqu'il est fait prisonnier, le 8 octobre 1967. Il vient d'être blessé à la jambe dans un affrontement avec l'armée, près du village de La Higuera. Sur décision conjointe du président bolivien, René Barrientos, et de l'état-major, il est exécuté le lendemain de deux rafales de mitraillette. Son cadavre est emmené à la ville voisine de Vallegrande, où les habitants se pressent pour voir le corps exposé du guérillero le plus célèbre du monde. On lui coupe les mains, afin de pouvoir authentifier son identité grâce aux empreintes digitales. Puis, de nuit et en secret, il est jeté, avec huit de ses compagnons, dans un trou creusé près de la piste d'atterrissage de l'aéroport.

Che Guevara trouve la mort en Bolivie après plusieurs mois d'une guérilla mal préparée. Fait prisonnier le 8 octobre 1967, il est exécuté par les militaires boliviens le 9 octobre.

Le guévarisme en Amérique latine

À partir de l'exemple cubain, Che Guevara se fait l'apôtre et le théoricien de la guerre de guérilla. L'Amérique latine lui semble être le terrain favorable à une extension de la lutte armée.

La révolution sur commande

En 1963, le Soviétique Mikhaïl Souslov déclare que les partis communistes d'Amérique latine « *se trompent s'ils mettent tous leurs espoirs dans la lutte armée* », et que « *la révolution ne peut être accélérée, ni se faire sur commande, ni être encouragée de l'extérieur* » (cité par Jorge G. Castañeda, *Compañero*, 1998).

Le théoricien de la guérilla

Fort de son expérience dans la Sierra Maestra, Che Guevara rédige plusieurs textes sur la guérilla, dont le plus célèbre est *La Guerre de guérilla, une méthode*, publié en 1960. Dans cet opuscule, le Che tente de faire la démonstration que la révolution armée, construite à partir du *foco**, le foyer révolutionnaire, est inéluctable en Amérique. Fidèle à son volontarisme et relayant son appel à l'insurrection armée dans de nombreux textes et discours, il attache définitivement son nom à la guérilla. Dans son discours à l'ONU en décembre 1964, Che Guevara continue à affirmer que l'exemple cubain « *portera ses fruits sur le continent.* [...] *Au moment où ce sera nécessaire, je serai prêt à faire le sacrifice de ma vie pour la libération de n'importe quel peuple d'Amérique latine* ».

Exporter la révolution

Dès la victoire de 1959, Cuba aide des groupes rebelles d'autres pays dans leurs tentatives révolutionnaires : au Nicaragua contre Somoza, à Saint-Domingue contre Trujillo, sans doute également en Haïti et au Panamá. À partir de 1962, l'organisation « Libération », pilotée par La Havane, vise à installer une guérilla dans la cordillère des Andes. Au Pérou, une guérilla essaie donc de s'implanter suite aux luttes paysannes d'occupation des terres menées par Hugo Blanco en 1963. La situation était en théorie favorable, mais la guérilla fut liquidée en six mois en 1965. Au Venezuela, en Colombie, au Guatemala, des militants de gauche, souvent en rupture avec les partis communistes et pour certains entraînés à Cuba, tentèrent des expériences plus ou moins longues qui échouèrent toutes. Che Guevara apporte un soin particulier à la préparation de l'opération en Argentine, dirigée par son ami le journaliste Jorge Masetti. Un petit groupe de combattants, qui compte plusieurs proches du Che, rentre clandestinement en Argentine en 1963, mais il se fait anéantir l'année suivante.

Vietnam

« Créer deux, trois..., de nombreux Vietnam, voilà le mot d'ordre ! » Dans une adresse à la conférence Tricontinentale, en mai 1967, Che Guevara réaffirme, à partir de l'exemple vietnamien, la nécessité de la guérilla.

L'échec des guérillas guévaristes

Les gouvernements latino-américains et celui des États-Unis, échaudés par l'expérience cubaine, ne se laissent plus prendre par surprise. Souvent, il manque à ces guérilleros la connaissance du terrain, l'absence de lien préalable avec la paysannerie ou le soutien du mouvement ouvrier urbain. Certes, on pouvait retrouver, dans de nombreux pays, les mêmes ingrédients qu'à Cuba (pauvreté rurale, classe paysanne majoritaire, corruption...). Mais la guérilla des *barbudos** put compter sur le M26-7*, implanté dans les villes et les villages, et sur l'intelligence tactique et le charisme d'un leader, Fidel Castro. Ainsi, plusieurs centaines de jeunes, souvent issus des classes moyennes intellectuelles, se jettent à corps perdu, dans les années 1960, dans des aventures mal préparées, ne parvenant pas à attirer les paysans dans leur « armée rebelle ». La mort du Che ne sonne pas le glas des révolutions, encore moins de la lutte armée, comme en témoignent la guérilla victorieuse des sandinistes au Nicaragua, en 1979, et celles du Guatemala et du Salvador, en partie inspirées du guévarisme. Elles sauront dépasser une interprétation étroite du « foquisme* » en alliant guérilla rurale, action politique urbaine, grève et mouvement ouvrier.

Dans les années 1960, Che Guevara devient le symbole de la lutte armée et Cuba continue à promouvoir l'installation de foyers insurrectionnels. Mais la mise en œuvre du foquisme échoue dans de nombreux pays.

Un marxiste autodidacte

Plus que dans une œuvre maîtresse qui n'existe pas, la pensée de Che Guevara s'incarne dans une multitude de textes, discours et lettres. Sa rencontre avec le marxisme précède de peu la révolution cubaine.

Karl Marx en saint Charles

« La nouvelle étape de ma vie exige aussi un changement d'ordre : maintenant, saint Charles [Karl Marx] *est devenu primordial, c'est l'axe, et le restera durant toutes les années où la Terre m'admettra dans sa couche la plus externe. »*
Che Guevara, lettre à sa mère, octobre 1956.

Une œuvre composite

Quarante ans après la mort de Che Guevara, sa pensée n'a pas encore livré tous ses secrets. De nombreux textes restent inédits, conservés dans les archives cubaines ou par sa dernière compagne, Aleida Guevara March. Si certaines de ses œuvres sont passées à la postérité, ce sont celles qui concernent son engagement de guérillero ou ses voyages de jeunesse, comme *La Guerre de guérilla* (1960) ou son *Voyage à motocyclette* (1994). À sa mort en 1967, son *Journal de Bolivie* sera édité à Cuba à plusieurs centaines de milliers d'exemplaires et distribué gratuitement. En plus de ses activités politiques ou militaires, Che Guevara a toujours consacré une part importante de son temps à des correspondances suivies, particulièrement avec sa famille, qui permettent de comprendre son cheminement intellectuel. À Cuba ou à l'étranger, outre de nombreux discours, il débat régulièrement avec ses contradicteurs par revues interposées. Cette propension à débattre et à écrire dessine une œuvre originale.

La rencontre avec le marxisme

Lecteur avide de littérature, de poésie et de philosophie, Che Guevara ne commence sa formation politique proprement dite que tardivement. S'il a lu des textes de Marx et d'Engels dans sa jeunesse, c'est avant tout au contact d'Hilda Gadea, rencontrée au Guatemala en 1954, qu'il découvre le marxisme*. Il sympathise avec des militants du Parti guatémaltèque du travail (PGT, communiste), évoque dans ses lettres des projets de voyage de l'autre côté du « rideau de fer » ou en Chine, commence à lire *Le Capital* de Karl Marx au Mexique... Lorsqu'il rencontre Fidel Castro et se joint à son expédition contre la dictature de Batista, Che Guevara a beaucoup lu... mais n'a jamais eu d'engagement politique. Pourtant, dans la Sierra Maestra, il apparaît comme l'un des dirigeants les plus marqués par les « idées communistes », sans que le terme ne relève une adhésion précise à la théorie marxiste. C'est donc à Cuba, en même temps que ses responsabilités économiques se font de plus en plus importantes, qu'il parfait sa formation marxiste. Son autodidactisme lui permet de soulever des débats, de polémiquer et de discuter avec les différentes « écoles » de la pensée marxiste, sans sectarisme.

Le Chaos et la Création

« Un peu après le Chaos, peut-être au premier ou au second jour de la Création, j'ai en moi un monde d'idées qui entrent en collision, s'entremêlent et, quelquefois, s'organisent. »
Che Guevara, lettre à Charles Bettelheim, 20 octobre 1964.

Un humanisme révolutionnaire

Confronté aux réalités économiques, Che Guevara cherche, au cours de ses années cubaines, une cohérence entre sa pensée et son action. Ses échecs ou ses doutes en matière économique sont pour lui l'occasion de se remettre en question de façon permanente. S'il refuse l'étiquette de théoricien, une constante revient dans ses écrits : sa volonté de placer l'homme, et son potentiel d'action sur le cours de l'Histoire, au cœur du processus révolutionnaire. La lutte contre les privilèges, son égalitarisme radical, sa volonté de construire un « homme nouveau », la promotion du travail volontaire et du désintéressement matériel, quelquefois jusqu'à la caricature, sont autant dictés par son marxisme que par son expérience de la pauvreté en Amérique latine et de la guérilla dans la Sierra Maestra. Ils sont la marque d'un humanisme révolutionnaire profondément ancré.

Marxiste autodidacte, Che Guevara considère que l'homme doit être au centre de toute transformation sociale et économique.

Les conceptions économiques du Che

Contre de supposées lois économiques déterministes Che Guevara cherche à replacer la volonté politique au cœur de l'action économique.

Brûler les étapes

Dans ses discussions avec l'économiste Charles Bettelheim, Che Guevara cherche à remettre en cause le déterminisme historique qui caractérise certaines formes de la pensée marxiste. Une société doit-elle passer obligatoirement par certaines étapes de développement économique et social pour rendre possible une révolution socialiste ? Guevara part de l'expérience cubaine pour affirmer la possibilité de « brûler » ces étapes. Cuba, en 1959, est un exemple d'économie arriérée, semi-coloniale, à dominante agraire. Rien n'empêche pourtant que s'y développe une révolution socialiste. Même si les « conditions objectives » (développement d'une industrie, existence d'une classe ouvrière, d'une « démocratie bourgeoise ») ne sont pas réunies, Cuba a selon lui la capacité de passer directement d'une révolution agraire à une révolution socialiste grâce à l'action des masses populaires et d'une avant-garde politique. D'où sa volonté farouche d'industrialisation.

La Yougoslavie... socialiste ?

« L'entreprise fonctionnerait approximativement comme dans un système capitaliste, obéissant aux lois de l'offre et de la demande et engageant une lutte violente pour les prix et la qualité avec les entreprises semblables. Ils réalisent ainsi ce qu'on appelle en économie la libre concurrence. »

Dans son rapport de voyage, en juin 1960, le Che critique durement le fonctionnement du « socialisme autogestionnaire » yougoslave.

Loi de la valeur et planification

Mais, pour Guevara, cette « marche forcée » vers le développement ne peut s'imaginer sans un encadrement politique étroit de l'économie. Pas question, pour lui, de laisser, comme en URSS ou en Yougoslavie, jouer la loi du marché (la « *loi de la valeur* ») dans les relations économiques : les entreprises ne peuvent être des agents économiques autonomes disposant de leur capacité d'investissement ou commerçant avec d'autres entreprises librement. Ainsi, les prix ne peuvent être fixés seulement en fonction de l'offre et de la demande des marchandises, mais avant tout en fonction des besoins sociaux. Plus généralement, il s'oppose à l'idée de lois économiques « naturelles » (rendement, équilibre financier) qui existeraient en dehors de toute volonté humaine ou collective. Il ne s'agit pas simplement de justice économique, mais surtout d'efficacité dans une démarche visant à sortir du sous-développement. Dans un article de 1964, l'économiste belge Ernest Mandel rappelle que « *laisser guider les investissements par la loi de la valeur serait conserver pour l'essentiel la structure économique déséquilibrée héritée du capitalisme* ». Défenseur de la planification, Che Guevara lui assigne justement un rôle à l'opposé de la loi de la valeur : satisfaire les besoins économiques et sociaux prioritaires dans le développement du socialisme.

Un déficit démocratique

Qui doit décider ? Si Guevara prône un système de planification comme seule garantie de satisfaction des besoins collectifs, il ne dit pas qui doit être à l'origine des choix économiques. Il reconnaît qu'à Cuba « *les travailleurs ne participent pas à l'élaboration du plan* ». Critiquant l'utilisation de la planification faite par les Soviétiques, il écrit que le peuple doit être « *le dirigeant de son histoire* », qu'il est « *nécessaire d'accentuer la participation consciente, individuelle et collective à tous les mécanismes de direction et de production* » (*Le Socialisme et l'homme à Cuba*, 1965). On peut remarquer le mutisme de Che Guevara quant aux nécessités démocratiques que son projet implique. Sans pluralisme politique et liberté de débat sur les orientations économiques, difficile en effet de concevoir une planification au service des besoins de la population.

S'insurgeant contre la loi du marché dans le cadre d'une économie socialiste, Che Guevara conçoit la planification économique comme un outil de développement plus à même de respecter les besoins sociaux.

L'homme nouveau : une nouvelle conscience révolutionnaire

Le changement des structures économiques et la transition au socialisme ne peuvent suffire à faire évoluer les mentalités ; il est nécessaire de promouvoir une nouvelle conscience.

La conscience révolutionnaire

« L'incitation matérielle n'aura plus sa place dans la nouvelle société ; nous devons nous préparer à sa disparition et la remplacer par la stimulation morale, le sens du devoir, et par l'instauration d'une nouvelle conscience révolutionnaire. »
Che Guevara, *Sur la construction du Parti*, discours prononcé le 24 mars 1963.

Changer l'homme

C'est avec la thématique de l'« homme nouveau » que l'originalité du Che dans la pensée marxiste prend toute sa vigueur. « *Pour construire le communisme, il faut changer l'homme en même temps que la base économique* », écrit-il dans *Le Socialisme et l'homme à Cuba* (1965). Encore une fois, il s'oppose à l'idée d'un matérialisme* « mécanique » qui ferait dépendre le comportement humain et les valeurs des circonstances économiques. Il ne suffit pas d'attendre que le changement des structures économiques produise son effet sur la conscience du peuple. Pour Guevara, il faut changer l'homme, c'est-à-dire sa mentalité, ses mœurs, en même temps que le système économique, sous peine de voir perdurer dans la société nouvelle les anciennes valeurs : « *Le socialisme économique sans la morale communiste ne m'intéresse pas* » (*voir* pp. 56-57).

Les stimulants

En matière économique, le Che refuse de privilégier les stimulants matériels, tels que les primes au rendement ou les salaires différenciés en fonction de la productivité. Les stimulants matériels, vestiges de l'ancienne société, ne doivent plus avoir cours dans une société socialiste, au risque de perpétuer l'égoïsme et la tendance à l'individualisme. Guevara leur préfère ce qu'il appelle le « *stimulant moral* », c'est-à-dire le développement d'une nouvelle morale, « *le sens du devoir, la nouvelle conscience révolutionnaire* ». L'exigence des années 1962-1964 est d'augmenter la production, pour mener à bien les tâches de développement économique. Si les responsables politiques proches du PSP (communistes) défendent l'idée de motivation financière des travailleurs, Che Guevara insiste sur la nécessité de développer une conscience communiste. Il ne rejette pas toute idée de motivation matérielle, mais préfère des stimulants matériels à caractère social, comme la construction de maternités ou de logements, ou éducatifs, comme l'accès à la formation professionnelle. Ainsi, un travailleur qui dépasserait ses normes de production se verrait récompensé par l'accès à une formation qui le ferait monter dans l'échelle des responsabilités et qui lui ferait donc obtenir un meilleur salaire.

Les brigades

Après la mort du Che, le travail volontaire à Cuba devient vite une nécessité économique pour suppléer au manque de main-d'œuvre, notamment dans l'agriculture au moment des récoltes, mais aussi pour accélérer la construction de logements.

Le travail volontaire

Pour développer cette conscience politique nouvelle, Che Guevara voit la société comme « *une gigantesque école* » où le peuple s'autoéduque. Il prône le travail volontaire, les dimanches, pour des chantiers intéressant toute la communauté (construire une école, un dispensaire) ou vitaux pour l'économie (coupe de la canne à sucre). C'est véritablement le Che qui popularise cette pratique à Cuba, en y participant. En rendant le travail désintéressé, il pense pouvoir introduire un autre rapport au labeur, débarrassé de « *son caractère obsessionnel qu'il a dans le monde capitaliste, pour devenir un devoir social agréable* » (*Qu'est-ce qu'un jeune communiste ?*, 1962). Il voit dans le travail volontaire le « *travail communiste* » du futur. Selon l'agronome René Dumont, cité par Paco Ignacio Taibo II, « *le Che développait alors une position qui était très intéressante dans son principe, une espèce de vision idéale de l'homme socialiste qui deviendrait étranger à la logique mercantile, travaillant pour la société et non pour le gain* ».

Le projet de Che Guevara est de réaliser un homme nouveau, débarrassé de l'individualisme et de l'égoïsme, en encourageant le travail volontaire, les stimulants moraux, le sentiment du devoir accompli.

L'homme nouveau : éthique et sacrifice

La nouvelle conscience révolutionnaire que Che Guevara appelle de ses vœux ne pourra exister sans un esprit de sacrifice et de désintéressement.

L'émulation

« L'émulation est simplement une compétition, mais une compétition qui vise le but le plus noble, celui de perfectionner chaque centre de travail, chaque entreprise, chaque unité de production, et de les mener à la tête de la construction du socialisme. »
Che Guevara, discours au syndicat CTC, avril 1962.

Contre les privilèges

Che Guevara fait de la lutte contre les privilèges et du désintéressement les conditions essentielles du surgissement d'un homme nouveau. Ces exigences sont d'abord dictées par les difficultés d'approvisionnement et les pénuries de certaines marchandises. « *Tout ce que nous avons, nous allons le répartir entre nous.* [...] *Dans les prochaines étapes de la lutte révolutionnaire, il n'y aura pas des gens qui recevront plus que d'autres, il n'y aura pas de fonctionnaires privilégiés ni de latifundistes**. *Les seuls privilégiés à Cuba seront les enfants* », annonce le Che aux ouvriers du sucre, en mars 1961. Il prône un égalitarisme farouche, refusant lui-même toutes les prérogatives accordées aux ministres. Mais il en déduit également la nécessité de lutter contre ce qu'il nomme le bureaucratisme. Le « *contre-révolutionnaire est quelqu'un qui lutte contre la révolution, mais celui qui use de son influence pour obtenir un logement puis obtient ensuite deux voitures, celui qui viole le rationnement, qui possède tout ce que le peuple n'a pas* [...] *est également un contre-révolutionnaire* » (*L'Influence de la révolution cubaine en Amérique latine*, mai 1962). Souhaitant la disparition des mentalités individualistes au sein du peuple, Guevara est donc logiquement sans pitié contre ceux qui profitent de leur situation de pouvoir.

Le sacrifice

Se voulant lui-même exemplaire, Guevara multiplie les interventions pour exalter le sentiment de sacrifice, notamment auprès des cadres dirigeants, de la Jeunesse communiste, des militants syndicaux ou politiques. Le dirigeant doit être proche du peuple s'il prétend le diriger. Il en tire une morale de l'engagement révolutionnaire qui exalte le don de soi, le dévouement. À l'écrivain anticolonialiste David Rousset il déclare : « *Le parti que nous voulons construire sera le parti du sacrifice* » (*Une vie dans le siècle*, 1991). Il critique donc vertement les leaders syndicaux qui ne participent pas au travail volontaire ou tout simplement à la production.

L'avant-garde

Dans un discours aux Jeunesses communistes :
« Vous, camarades, vous devez être l'avant-garde de tous les mouvements. Les premiers dans les sacrifices qu'exige la Révolution, quelle que soit la nature de ces sacrifices. »
Che Guevara, *Qu'est-ce qu'un jeune communiste ?*, 1962.

Une émulation guerrière ?

Dressant le bilan de la crise des fusées*, en 1962, au cours de laquelle des dizaines de milliers de Cubains se sont mobilisés pendant plusieurs jours face à la menace de guerre avec les États-Unis, Che Guevara constate que la production industrielle ne s'est pas écroulée, bien au contraire. Durant ce mois d'octobre 1962, « *chaque travailleur, à son niveau, était devenu un combattant de l'économie prêt à résoudre n'importe quel problème* ». Absentéisme, bas rendements, démotivation ont disparu des entreprises, et Guevara en conclut qu'« *à relativement court terme le développement de la conscience fait plus pour le développement de la production que le stimulant matériel* ». Rien d'étonnant à cette analogie entre guerre militaire et guerre économique, entre les caractéristiques qui doivent être celles du guérillero (être prêt à risquer sa vie, « *souffrir jusqu'aux limites extrêmes* ») et celles des militants, « *des hommes qui luttent et se sacrifient en n'attendant rien d'autre que la reconnaissance de leurs camarades* ». Sans doute la révolution cubaine, dans ses heures les plus difficiles, exigeait une telle exhortation au don de soi. Che Guevara en fera une ligne de conduite permanente.

Partant des difficultés de la révolution, Che Guevara appelle à lutter contre les privilèges et à développer une attitude de sacrifice permanent, insistant sur l'exemplarité dont doivent faire preuve les dirigeants comme le peuple.

L'internationalisme prolétarien

Dans la pensée de Che Guevara, la solidarité entre les peuples tient une place particulière. À partir de la révolution cubaine, il cherche à promouvoir une solidarité concrète contre l'impérialisme.

Une révolution humaniste

« La révolution cubaine [...] est une révolution avec un caractère humaniste. Elle est solidaire de tous les peuples opprimés du monde. »
Che Guevara, discours à Punta del Este (Uruguay), août 1961.

Une exigence morale

S'il est un idéal suprême dans la pensée guévariste, c'est l'internationalisme et la fraternité entre les peuples (*voir* pp. 56-57). De son premier voyage en 1952, il revient avec une aspiration profonde à l'unité latino-américaine et une sensibilité exacerbée contre les injustices commises partout dans le monde. Il ne conçoit donc son engagement à Cuba que comme le début de la « libération » du continent de la tutelle pesante du puissant voisin du Nord. Il rappelle régulièrement cette exigence de solidarité dans ses discours : « *Nous devons ressentir comme un affront personnel toute agression, tout affront, tout acte qui aille à l'encontre de la dignité de l'homme, de son bonheur, n'importe où dans le monde* » (*Le Parti marxiste-léniniste*, 1963). Son « donquichottisme », souvent moqué, est à la base de son engagement politique, avant le marxisme*, dans lequel il puisera ensuite une tradition internationaliste qui ne peut que le satisfaire.

Che Guevara devant l'Assemblée générale de l'ONU le 11 décembre 1964.

Un internationalisme « prolétarien »

Bien plus que pour les débats économiques, Che Guevara fait des questions de solidarité internationale le critère principal de ses appréciations politiques. Au-delà des discours convenus sur la solidarité entre les peuples, il exige des pays socialistes une solidarité active et concrète envers les pays qui luttent pour le socialisme et ceux qui se libèrent des tutelles coloniales. Dans son discours d'Alger, en février 1965, il affirme ainsi, au nom de la lutte commune contre l'impérialisme, que « *le développement des pays qui s'engagent sur la voie de la libération doit être payé par les pays socialistes* » et que ceux-ci ne peuvent commercer avec les jeunes nations indépendantes aux conditions du marché. À de multiples reprises, il exigera aussi la livraison d'armes gratuites pour les guérillas anticolonialistes du tiers-monde. Cuba, dès le début de la révolution, n'hésite pas à soutenir matériellement diverses guérillas latino-américaines.

Une révolte continentale

« Dans tous les pays où l'oppression devient insoutenable, il faut brandir le drapeau de la révolte, et ce drapeau prendra, par nécessité historique, un sens continental. »
Che Guevara, *La Tactique et la stratégie de la révolution latino-américaine*, 1962.

La révolution mondiale

Plus qu'un devoir de solidarité envers « *les peuples qui luttent pour un avenir meilleur* », l'internationalisme de Che Guevara est une nécessité pratique, « *inéluctable* ». S'il estime que la révolution cubaine a réussi à ouvrir une brèche en Amérique latine, il sait aussi qu'il est « *difficile de remporter la victoire dans un pays isolé* ». L'isolement de Cuba en Amérique latine dans les années 1960 rend impérieuse la nécessité de voir émerger d'autres contestations pour que la pression se relâche. D'où la nécessité, pour lui, de multiplier les foyers insurrectionnels et d'unir les luttes. C'est ce qu'il tentera de faire en Bolivie, espérant fonder le premier maillon d'une chaîne de guérillas qui libérerait le continent dans son entier. Dans l'un de ses textes les plus célèbres, *Créer deux, trois..., de nombreux Vietnam*, publié en 1967, il systématise sa pensée en analysant l'impérialisme comme « *un système mondial, stade suprême du capitalisme* », dont la « *tête* [...] *n'est autre que les États-Unis d'Amérique* », qu'il faut « *battre dans un grand affrontement mondial* ».

L'exigence morale de solidarité internationale est au cœur de la pensée guévariste, qui en fait une nécessité inéluctable pour libérer les peuples de l'impérialisme.

Le modèle d'une génération en révolte

À l'orée du mouvement de révolte de 1968, la figure de Che Guevara condense les aspirations de la jeunesse contestataire : lutte contre la guerre du Vietnam, renouveau d'un socialisme antistalinien, désintéressement matériel.

Trotsko-guévarisme

En France, la Jeunesse communiste révolutionnaire, créée en 1966, est particulièrement active dans la lutte contre la guerre du Vietnam, puis dans le mouvement de Mai 68. Rassemblant trotskistes et ex-communistes, elle s'inspire fortement de l'identité guévariste.

1968, l'« année Che »

Le 21 octobre 1967, une grande manifestation rassemble plus de 75 000 étudiants à Washington pour protester contre la guerre du Vietnam, dans laquelle se sont engagés les États-Unis. Les manifestants portent des affiches reproduisant la photographie du Che, mort quelques jours auparavant en Bolivie. Dans l'année qui suit, à Paris, à Berlin, en Italie, à Mexico et même à Prague, Che Guevara est sur tous les murs des facultés occupées, sur les banderoles des manifestants, dans les slogans (« *Ho-Ho-Ho Chi Minh ! Che-Che-Guevara !* » crient les manifestants dans les rues de Paris). Pour certains, sensibilisés aux luttes anticoloniales du début des années 1960, le Che est une véritable figure de référence, le représentant d'un engagement sans faille en faveur de la libération des peuples opprimés. La guerre du Vietnam agit comme un révélateur et suscite une énorme vague de contestation aux États-Unis. Dans ce contexte, l'appel lancé par le Che (« *Créer deux, trois..., de nombreux Vietnam !* ») devient celui de toute une génération.

Un communisme purifié

Le Che offre le modèle d'un communisme rénové, libéré des entraves du « socialisme réel » des pays de l'Est. Comme la Chine de Mao, la révolution cubaine

jeunesse | révolution cubaine | dernières batailles

bouscule le jeu tranquille de l'affrontement des deux blocs, soviétique et américain. La doctrine soviétique de Khrouchtchev, qui pense faire la démonstration de la supériorité du socialisme sur le capitalisme en rattrapant les États-Unis sur le terrain de la production et de la consommation, ne convainc guère une jeunesse occidentale en rupture avec la société de consommation. Les mouvements de 1968, profondément antiautoritaires, peuvent difficilement prendre pour modèle une société soviétique figée et hiérarchisée. Le soleil de Cuba contre la grisaille soviétique : les étudiants de gauche qui entrent en politique se saisissent de ce symbole d'une pensée contestataire d'inspiration communiste, mais en rupture avec le stalinisme et la bureaucratie. La référence guévariste, avec sa dimension d'engagement éthique et désintéressé, suscite alors une attirance bien plus forte que le communisme soviétique.

La décennie des morts violentes

Les années 1960 voient les morts violentes de leaders politiques contestataires se multiplier. L'indépendantiste Patrice Lumumba est assassiné en janvier 1961 au Congo*, le leader noir américain Malcolm X en février 1965 et Martin Luther King en avril 1968.

Le retour du Che ?

Dans les années 1990, la figure du Che fait son retour en politique. Dans cette « *fin de siècle privée d'utopies, dépourvue de projet collectif* » (Jorge G. Castañeda, *Compañero*, 1998), caractérisée par la mondialisation néolibérale, le Che fait encore rêver. L'absence d'idéologie alternative au capitalisme après l'écroulement des régimes autoritaires de l'Est laisse un vide à combler. Là encore, la figure du Che est appelée à la rescousse d'un monde orphelin d'une pensée contestaire non compromise par les dramatiques bilans des pays se réclamant du socialisme. « *Il incarne le mépris du pouvoir, il réhabilite la politique* », analyse Janette Habel, enseignante en sciences politiques. Incarnation moderne du guévarisme, bien qu'elle refuse de prendre le pouvoir et combat plus avec Internet qu'avec les fusils, la guérilla zapatiste depuis 1994 au Chiapas (Mexique) a su créer une adhésion au-delà des cercles nostalgiques de la lutte armée. Le signe d'un renouveau ?

Pour la génération contestataire des années 1960, le Che représente un symbole de la lutte anticoloniale et un communisme en rupture avec l'Union soviétique. Aujourd'hui, il redevient une référence politique.

Deux photographies pour un mythe

Deux photographies ont contribué à la naissance du mythe de Che Guevara : celle de son cadavre exposé dans l'école de La Higuera, où il a été assassiné, et celle d'Alberto Korda.

« Dans une époque de débâcle il est notre saint laïc. [...] Son image traverse les générations, son mythe perdure au milieu des délires de grandeur du néolibéralisme. Insolent, moqueur, têtu, moralement têtu, inoubliable. »
Paco Ignacio Taibo II, *Ernesto Guevara, connu aussi comme le Che*, 1997.

« Che n'est pas mort. Parce que ce qui se passait en lui va rester pour tous ceux qui, pensant à un avenir meilleur, veulent changer le monde. [...] Il y a un message inouï dans l'image de ce corps, torse nu, avec justement ses yeux qui nous regardent. »
Ahmed Ben Bella, président algérien de 1962 à 1965, *L'Humanité*, **9 octobre 1997.**

Un Christ révolutionnaire

Après l'exécution du Che dans la petite école de La Higuera, le 9 octobre 1967, son cadavre est emmené en hélicoptère au bourg voisin de Vallegrande. Son corps est alors lavé, ses cheveux coupés, on lui injecte du formol et son corps est exposé sur le lavoir de la buanderie. Les officiers de l'armée bolivienne veulent donner la preuve de sa mort : ils convoquent la presse pour qu'elle prenne des photographies. Toute la population défile devant le corps exposé et, bientôt, les photos font le tour du monde. Les yeux ouverts, arborant un vague sourire apaisé, le Che prend alors une dimension christique ; son visage laisse l'image d'un « saint des pauvres ». L'armée bolivienne, en cachant son corps, souhaitait éviter que ne se crée un culte sur les lieux de sa mort. En mettant en scène un martyr, ils vont contribuer sans le vouloir à forger le mythe du Che.

Le *Guerrillero Heroico*

L'autre image fondatrice du mythe est plus ancienne, mais elle est encore restée confidentielle à la date de sa mort. Le 4 mars 1960, un bateau français transportant des armes belges, *La Coubre*, explose dans le port de La Havane. Accident ou sabotage ? L'explosion fait 75 morts et 200 blessés. Le lendemain, près du cimetière de Colón où sont célébrées les funérailles des victimes, une tribune se dresse pour accueillir les orateurs, dont le principal, Fidel Castro. Pour la première fois, Fidel y prononce sa formule devenue célèbre : « *La patrie ou la mort !* » Dans l'assistance, un photographe du journal *Revolución*, Alberto Díaz Gutiérrez, dit Alberto Korda, prend un cliché du Che. Le lendemain, dans la presse, la photo ne paraît pas. En 1967, avant la mort du Che, l'éditeur et militant milanais Giangiacomo Feltrinelli, de passage à Cuba, se voit offrir par Korda deux reproductions de l'image. De retour en Italie, il édite des milliers de posters reproduisant la photographie, dans le but d'attirer l'attention sur la situation du Che en Bolivie. Après sa mort, il publie le *Journal de Bolivie* et fait figurer la photographie du *Guerrillero Heroico* sur la couverture. Immédiatement, à travers le monde, cette photographie devient le porte-étendard des mouvements révolutionnaires, est reprise dans les manifestations, dessinée sur les murs de toutes les villes du monde, tapisse les murs des chambres de millions d'adolescents...

La photo d'un photographe et du cliché qui l'a rendu célèbre : Alberto Korda en 1989 devant son portrait du *Guerrillero Heroico*.

La postérité

Si la photo du Che mort contribue à forger l'image du martyr, celle de Korda devient l'incarnation du héros rebelle. Pourquoi cette photo et non une autre, d'ailleurs ? La photographie de Korda semble condenser toutes les vertus que l'on attribue au Che : honnêteté, bravoure, désintéressement, défi, loyauté, fierté, sans oublier une dose de virilité militaire. Le visage du Che, en ce 5 mars 1960, exprime autant la fermeté (face aux États-Unis) que la confiance (dans l'avenir de la Révolution), la négligence (cheveux longs au vent, barbe) que le sérieux de l'engagement (l'étoile de commandant sur son béret). Pour ceux auprès de qui Che Guevara représente le sacrifice d'une vie pour la révolution et la libération des peuples, nul doute que le regard perçant porté sur la ligne d'horizon ouvre des perspectives de luttes innombrables.

Le visage christique du Che mort en Bolivie forge l'image du martyr. Celle de Korda, le *Guerrillero Heroico* qui parcourt le monde après sa mort, redonne vie au rebelle.

Une icône publicitaire

Transfigurée par le pop art, l'image du Che est très utilisée par les publicitaires dans les années 1990. La contestation fait vendre et l'imaginaire des années 1960 revient en force.

Le Che banquier

En 2003, la banque luxembourgeoise Dexia choisit Che Guevara pour emblème d'une campagne publicitaire, avec le slogan « *Combattons les idées reçues* ». « *Par l'histoire de sa vie et de sa lutte, Che Guevara est devenu un véritable symbole de la remise en question* », précise la banque.

Pop art

Après la mort du Che, son visage est reproduit dans de nombreuses œuvres d'art, souvent à sa gloire. La photographie de Korda se retrouve dans des milliers de peintures et dessins. L'artiste militant irlandais Jim Fitzpatrick est le premier, en 1967, à utiliser les techniques du pop art en vogue aux États-Unis afin de styliser le portrait de Korda. Il ne garde que le visage du Che, très contrasté, sans les nuances de tons de la photographie, et le plaque sur un fond uni de couleur. Le même procédé est réutilisé par Andy Warhol, qui a perfectionné, dès le début des années 1960, cette technique par le biais de sérigraphies reproduisant en de multiples exemplaires colorés le visage de personnalités telles que Marilyn Monroe ou Elvis Presley. Le Che de Warhol (en fait, de son assistant Gerard Malanga), dans la démarche du pop art de dénonciation de la société de consommation, va paradoxalement contribuer à transformer la photo de Korda en une icône reproductible et adaptable à tout type de message.

Une image de pub

Dans les années 1990, la publicité va s'emparer de l'image du Che. La culture rock et la contestation hippie reviennent à la mode, et les publicitaires s'approprient sans ménagement l'imaginaire contestataire, d'où qu'il vienne, pour vendre. Che Guevara n'échappe pas à la manœuvre. En 1999, le couturier Jean-Paul Gaultier l'utilise pour vendre ses lunettes à travers une publicité reprenant son visage et le slogan « *Siempre color y libertad* », en référence directe au fameux « *Hasta la victoria, siempre !* » du Che. Che Guevara va servir à vendre des marchandises aussi diverses que des préservatifs, des crèmes glacées, des abonnements Internet, de la bière... Cette réutilisation de figures de la contestation (Gandhi ou Lénine ont subi le même sort) est caractéristique des tendances du marketing des années 1990. Les entreprises ne cherchent plus seulement à vendre des produits pour leur qualité ou leur beauté, mais elles vendent des concepts : c'est le règne de « *la marque en tant qu'expérience ou style de vie* », selon Naomi Klein, auteure de *No Logo*. La récupération du symbolisme de Guevara ne s'arrête pas là. Le visage de Guevara peut bien disparaître, la présence d'un béret avec une étoile et de cheveux longs en désordre suffit à évoquer la figure du Che. Seule la physionomie générale de la photographie de Korda est conservée. Elle acquiert une autonomie.

Un logo et une marque

« Le Che, c'est plus qu'une image : c'est un logo, [...] *une marque extraordinaire.* [...] *La publicité est toujours à la recherche d'images fortes. Et le révolutionnaire a une image plus forte qu'un enfant de chœur ! »*
Jacques Séguéla, publicitaire, *L'Humanité*, 9 octobre 1997.

Les procès

Alberto Korda, qui, jusque dans les années 1990, n'a jamais touché de droits d'auteur sur la photo la plus reproduite au monde, finit par contester l'usage publicitaire qui est fait de son œuvre. En 2000, il attaque en justice la marque de vodka Smirnoff, qui utilise l'image du Che, et gagne son procès. Il meurt en 2001 à Paris, mais sa fille, Diane Díaz López, reprend le flambeau et assigne l'organisation Reporters sans frontières (RSF) en justice. Dénonçant la vague d'emprisonnements de journalistes et d'intellectuels, RSF avait édité un visuel à partir d'une affiche de Mai 68 représentant un CRS avec une matraque et un bouclier. À la place du visage du CRS, celui du Che, inspiré de la photo de Korda. À Cuba, la veuve de Che Guevara, Aleida March, s'est également prononcée pour le contrôle de l'exploitation commerciale de l'image du Che.

Repris par les artistes du pop art, puis dans les années 1990 par les publicitaires, le portrait de Korda devient une icône de publicité, bonne à faire vendre n'importe quel produit.

La légende noire du Che

Considéré par certains tour à tour comme un incompétent notoire ou un bourreau, Che Guevara ne suscite pas l'unanimité. Son rôle joué dans la révolution cubaine reste l'objet de vives polémiques.

Le petit boucher

En raison de son rôle dans la répression des premières semaines de la révolution, Che Guevara est surnommé le « *petit boucher* » de La Cabaña par les exilés anticastristes de Miami.

Le responsable du désastre économique cubain ?

Che Guevara est l'un des pères de la réforme agraire de 1959. Il prend ensuite en charge la direction de la politique d'industrialisation, d'abord à l'INRA puis au ministère de l'Industrie. Mais Guevara est loin d'être le seul dirigeant de la politique économique de l'île. De plus, ses idées économiques, pour révolutionnaires qu'elles soient dans le contexte politique cubain, ne sont pas nouvelles. À l'époque, les préconisations de la Commission économique pour l'Amérique latine (CEPAL, une commission de l'ONU) ne sont guère éloignées de celles du Che : industrialisation et remplacement des importations, diversification des marchés d'import-export, rôle central de l'État dans les politiques économiques, nécessité d'une réforme agraire... Si Guevara commet de nombreuses erreurs, les déficiences de l'aide soviétique et surtout l'embargo américain pèsent de leur poids dans l'échec.

Un tortionnaire ?

À son arrivée à La Havane, Che Guevara prend le commandement de la forteresse militaire de La Cabaña, où il supervise les exécutions décidées par les tribunaux révolutionnaires. Il ne prend pas lui-même la décision des condamnations à mort, mais les applique apparemment sans états d'âme. « *Les exécutions sont non seulement une nécessité pour le peuple de Cuba, mais également un devoir imposé par ce peuple* », écrit-il dans une lettre, le 5 février, à un Argentin s'inquiétant de la vague de répression. Si la peine capitale et les jugements sommaires y conduisant sont difficilement justifiables, on doit en revanche replacer ces heures sombres de la révolution cubaine dans leur contexte : celui d'une société violente, où les différends politiques, dans les années 1940 et 1950, se règlent parfois à coup de pistolet, où la répression du régime de Batista a laissé des traces dans la population. En ce sens, la justification déployée par Guevara n'est pas aussi cynique qu'elle en a l'air, et elle confirme la pression populaire pour une justice rapide et radicale.

Les œillères du ministère

Che Guevara ne s'intéresse guère à la répression politique. Défendant le pluralisme dans les débats économiques, il accueille dans son équipe ministérielle ceux qui sont exclus de leurs fonctions pour divergences. Il reste toutefois discret sur les questions démocratiques.

L'inventeur des camps de travail ?

Au ministère de l'Industrie, Che Guevara est un dirigeant implacable. Dans la lutte économique qu'il s'est fixée, chacun doit rendre des comptes et, éventuellement, subir des sanctions. Impitoyable avec les autres parce qu'impitoyable avec lui-même : tel est le portrait dressé par nombre de ses collaborateurs. Au ministère, on craint plus que tout un mot : « Guanahacabibes ». Dans la région de Pinar del Río, ce camp de travail est le lieu où sont envoyés ceux qui ont commis une faute, un manquement dans leur travail, ou fait preuve d'indiscipline. Le ministre fixe le nombre de semaines ou de mois de travail à effectuer sur place, pour des tâches d'utilité collective ou de production. Selon le Che, la punition n'est pas obligatoire : on peut refuser la sanction, mais on doit alors partir du ministère... Même s'il faut se garder de toute confusion, l'idée de réhabilitation par le travail entre en résonance funeste avec les futures Unités militaires d'aide à la production (UMAP), dans lesquelles seront internés des prêtres, des homosexuels et autres « déviants sociaux » de 1965 à 1967.

Comme ministre de l'Industrie et comme chef militaire, Che Guevara porte une part de responsabilité dans la répression et les échecs économiques. Mais forger une légende noire à partir de ces éléments serait réducteur.

Les multiples funérailles du Che

À Cuba, faute de corps, on célèbre l'esprit de Che Guevara. Son exemplarité, sa ténacité, son esprit de sacrifice sont régulièrement évoqués par Fidel Castro pour mobiliser les Cubains face aux difficultés économiques.

Un corps encombrant

Lorsque le corps de Che Guevara, au lendemain de son exécution et de son exhibition à la presse, est ramené dans la caserne de Vallegrande, la question se pose : qu'en faire ? Un moment, les militaires boliviens pensent l'incinérer et disperser ses cendres. Ils se résolvent à l'enterrer en secret, sur les abords de la piste d'atterrissage de l'aérodrome. Les autorités boliviennes veulent éviter que se crée à Vallegrande un lieu de célébration de sa mémoire. Le lieu de l'enfouissement ne sera donc pas communiqué. Le 11 octobre 1967, des policiers argentins viennent certifier l'identité du mort par une analyse des empreintes digitales de ses mains conservées dans le formol.

Un modèle bien utile

À Cuba, c'est d'un autre enterrement qu'il s'agit. En prononçant l'éloge funèbre de son compagnon de lutte, Fidel Castro, le 18 octobre 1967, rend honneur au guérillero de la Sierra, au chef militaire de Santa Clara, au révolutionnaire, au penseur même. Mais pas un mot sur ses idées et ses conceptions politiques. Avant tout, c'est l'exemplarité de l'individu que Fidel Castro propose comme modèle au peuple cubain : « combativité », « esprit de sacrifice »,

La « route du Che »

À Vallegrande, après 1995, le maire s'oppose un temps aux recherches des restes du Che. Plusieurs projets de circuits touristiques sur les traces du Che sont en effet en cours, et la découverte du corps enlèverait de l'attrait à la visite.

« esprit de travail »... « *Si nous devons dire comment nous voulons que soient élevés nos enfants, nous devons dire sans hésitation : nous voulons qu'ils soient élevés dans l'esprit du Che !* », proclame Fidel Castro. Bien sûr, Che Guevara mérite de figurer au panthéon des grands « libérateurs » cubains. Et il n'est pas si étonnant que son exaltation constante du sacrifice soit utilisée par Fidel Castro dans le contexte des difficultés économiques cubaines. En 1987, Cuba est en pleine période de « *rectification des erreurs* ». Fidel Castro lance une grande mobilisation contre la bureaucratie, l'absentéisme et les vols sur les lieux de travail, la chute de la participation des Cubains au travail volontaire... Une fois encore, l'occasion est belle de citer le Che comme un exemple d'intégrité et de faire de l'absence de lieu de culte une force : « *Aujourd'hui, nous rendons hommage au Che tous les mois, tous les jours, dans tous les lieux, dans les usines, les écoles, les casernes, au sein du foyer, entre enfants.* [...] *Nous serons comme le Che !* »

L'exemple

Dans les villes et le long des routes cubaines, de nombreux panneaux représentent le Che en activité lors des journées de travail volontaire, avec le slogan « *Ton exemple est vivant, tes idées sont éternelles* ».

Le rapatriement des restes

En 1995, au cours d'un entretien avec l'historien Jon Lee Anderson, l'ex-capitaine de l'armée bolivienne Vargas Salinas, devenu général, affirme avoir participé à l'« enterrement » du Che en 1967 et révèle le secret du lieu. Un lieu bien approximatif, sur les abords de l'aéroport de Vallegrande, en Bolivie. Des spécialistes cubains et argentins sont envoyés sur place pour tenter de retrouver les restes de Che Guevara et de ses compagnons enterrés avec lui. Il leur faudra deux années, avec quelques interruptions, pour parvenir à retrouver les corps. En juillet 1997, les restes de Che Guevara sont rapatriés à Cuba et, en octobre, pour le trentième anniversaire de sa mort, des funérailles nationales sont organisées dans l'île. Ses restes sont transférés dans la ville de Santa Clara le 17 octobre 1997, où un « Mémorial Che Guevara » existe depuis 1988. Le Che a enfin son lieu de culte.

La disparition du corps de Che Guevara, de 1967 à 1997, n'empêche pas la célébration de sa mémoire à Cuba. Plus que ses idées politiques, c'est son esprit de sacrifice qui est exalté par Fidel Castro.

Extraits de textes d'Ernesto Che Guevara

La lutte

« Le résultat des luttes d'aujourd'hui n'est pas important. Il n'est pas important que l'un ou l'autre des mouvements actuels soit vaincu. Le définitif est la décision de lutte qui mûrit jour après jour, la conscience de la nécessité du changement révolutionnaire, la certitude de sa possibilité. »

La Guerre de guérilla, une méthode, 1963.

L'amour

« Dans une révolution véritable à laquelle on donne tout et dont on n'attend aucune rétribution matérielle, la tâche du révolutionnaire est à la fois magnifique et angoissante. Permettez-moi de dire, au risque de paraître ridicule, que le vrai révolutionnaire est guidé par de grands sentiments d'amour ; il est impossible d'imaginer un révolutionnaire authentique sans cette qualité. »

Le Socialisme et l'homme à Cuba, 1965.

L'humanisme révolutionnaire

« Le socialisme ne peut exister s'il ne s'opère pas dans les consciences une transformation qui provoque une nouvelle attitude fraternelle à l'égard de l'humanité, aussi bien sur le plan individuel dans la société qui construit ou qui a construit le socialisme que sur le plan mondial, vis-à-vis de tous les peuples qui souffrent de l'oppression impérialiste. »

Discours d'Alger, 1965.

La morale révolutionnaire

« Le socialisme économique sans la morale communiste ne m'intéresse pas. Nous luttons contre la misère, mais en même temps contre l'aliénation. L'un des objectifs fondamentaux du marxisme est de faire disparaître non seulement le profit, mais l'intérêt, le facteur "intérêt individuel" ;

Marx se préoccupait des faits économiques mais aussi de leur traduction dans l'esprit. Il appelait cela des "faits de conscience". Si le communisme néglige les "faits de conscience", il peut devenir une méthode de répartition de la production, il n'est plus une morale révolutionnaire. »

Interview avec Jean Daniel, *L'Express*, 25 juillet 1963.

L'Amérique latine

« *Maintenant, oui, l'Histoire devra prendre en compte les pauvres d'Amérique, les êtres exploités et méprisés d'Amérique latine qui ont décidé d'écrire eux-mêmes, et pour toujours, leur histoire.* [...] *On les voit maintenant armés de pierres, de bâtons, de machettes, de tout côté, chaque jour, occuper les terres, s'accrocher aux terres qui leur appartiennent et les défendre au prix de leur vie ; on les voit porter leurs pancartes, leurs drapeaux, leurs mots d'ordre et les faire flotter au vent des montagnes et le long des plaines. Et cette vague de rancune ébranlée, de justice exigée, de droit piétiné qui commence à s'élever des terres d'Amérique latine, cette vague ne s'arrêtera plus.* »

Discours aux Nations unies, 11 décembre 1964.

Le dirigeant

« *Il existe une tradition qui veut que les membres du Parti, des syndicats, de différentes organisations de masses, dirigent, orientent, décident, mais bien souvent ne travaillent pas. Et cette tradition est totalement négative. Celui qui aspire à être un dirigeant doit pouvoir affronter le jugement des masses, ou plutôt s'y exposer ; il doit être persuadé qu'il a été choisi parce qu'il est le meilleur parmi les excellents par son travail, son esprit de sacrifice, son attitude d'avant-garde dans toutes les luttes que le prolétariat doit mener quotidiennement pour la construction du socialisme.* »

Sur la construction du Parti, 1963.

Glossaire

Allergologie : branche de la médecine qui s'intéresse aux allergies.

Barbudos : nom donné aux combattants de la Sierra Maestra en 1956-1959 en raison de leur barbe.

Beat generation : mouvement littéraire et artistique bohème des années 1950 dont Jack Kerouac est l'un des représentants.

Bohíos : huttes traditionnelles au toit de palme et au sol en terre battue.

CIA : Central Intelligence Agency, les services secrets étasuniens.

Coexistence pacifique : politique développée par Khrouchtchev après 1956 à l'égard des pays capitalistes et particulièrement des États-Unis. L'URSS considère qu'en l'absence de guerre mondiale entre les deux superpuissances les pays socialistes finiront par imposer leur supériorité économique et sociale. D'où une priorité donnée à la paix et une politique qui cherche à éviter le conflit direct.

Congo : il s'agit du Congo-Léopoldville (nom colonial de Kinshasa), colonie belge ayant obtenu son indépendance en 1960, qui prendra le nom de Zaïre puis, en 1997, de République démocratique du Congo.

Crise des fusées : en septembre 1962, l'URSS livre à Cuba des fusées nucléaires. Lorsque les États-Unis en découvrent l'existence en octobre, le monde est au bord de la guerre nucléaire. Finalement, Khrouchtchev accepte le retrait des fusées en échange de la promesse de Kennedy de ne plus tenter d'invasion terrestre à Cuba.

Descamisados : les « sans-chemise », nom donné en Argentine à la classe ouvrière pauvre, partisans de Perón en 1946.

Expropriation : saisie, légale ou illégale, d'un bien, d'une terre, d'une entreprise.

Foco, foquisme : création d'un foyer révolutionnaire armé (*foco* en espagnol) en milieu rural, à partir duquel se propage la guérilla. Le foquisme est la théorie du *foco* développée par Che Guevara.

Guajiros : nom donné aux paysans à Cuba.

Latifundiste : grand propriétaire terrien (d'un latifundium) en Amérique latine.

Llano : en géographie, le *llano* représente la plaine. Lors de la révolution cubaine, on appelle *llano* la partie urbaine du M26-7*, en opposition à la Sierra, c'est-à-dire les guérilleros.

Léproserie : hospice ou hôpital où l'on isole et soigne les lépreux.

Libreta : le 12 mars 1962 est mis en place un système de rationnement par le biais de la *libreta*, le carnet de ravitaillement, visant à assurer à tous les Cubains, de façon égalitaire, le minimum vital à des prix subventionnés.

M26-7 : le « Mouvement du 26 juillet » est l'organisation révolutionnaire, créée en 1955 par Fidel Castro, qui compte des militants dans toute l'île. Son nom a été choisi en référence à l'attaque de la caserne de la Moncada, le 26 juillet 1953, à Santiago de Cuba, dans l'est de l'île.

Marxisme : doctrine philosophique, économique, sociale et politique élaborée par Karl Marx et Friedrich Engels au XIXe siècle, qui vise au remplacement du système capitaliste par une société communiste dans laquelle l'État, les classes sociales et la propriété privée des moyens de production disparaîtraient.

Matérialisme : le matérialisme marxiste considère que la structure économique d'une société détermine la superstructure, c'est-à-dire les institutions politiques, les mentalités, les croyances, les relations sociales. À chaque mode de production économique (féodalisme, capitalisme) correspond une organisation sociale différente : les nobles et les serfs sous le féodalisme, les bourgeois et les prolétaires sous le capitalisme. Toutefois, cet effet n'est pas mécanique.

Nationalisation : transfert à l'État ou à la collectivité dans son ensemble (par rachat ou expropriation*) de la propriété de certains biens, souvent des moyens de production et d'échange (entreprises, banques, transports, télécommunications).

Yerba mate : herbe à maté, herbe bue en infusion en Argentine et en Uruguay, que Che Guevara consommait en quantité.

Zafra : récolte de la canne à sucre.

Bibliographie

BARRIO (Hilda) et JENKINS (Gareth), *Che Guevara*, Autrement, 2007. Une biographie photographique du Che, accompagnée de quelques témoignages et de nombreuses citations.

BOUCHARD (Viviane), *Che Guevara : un héros en question*, Québec Amérique, 2004. La découverte de la vie et de la pensée d'Ernesto Che Guevara à travers des questions-réponses sur les moments clés de sa vie.

CASTAÑEDA (Jorge G.), *Compañero : vie et mort de Che Guevara*, Grasset, 1998. Une biographie documentée du Che, qui met en relief les débats et les controverses historiques à partir de sources intéressantes : témoignages directs, sources diplomatiques, services secrets.

GUEVARA LYNCH (Ernesto), *Ici va un soldat d'Amérique !*, Lafon, 2000. Une présentation, par son père, d'une partie importante de la correspondance du Che avec ses parents et sa famille pour la période 1953-1956.

GUEVARA (Ernesto Che), *Le Socialisme et l'homme : écrits politiques*, Aden, 2006. Des textes importants du Che, dont *La Guerre de guérilla* et *Le Socialisme et l'homme à Cuba*.

GUEVARA (Ernesto Che), *Passages de la guerre révolutionnaire : le Congo*, Métailié, 2000. Le journal de la guérilla du Che au Congo.

GUEVARA (Ernesto Che), *Voyage à motocyclette :* Latinoamericana, Mille et Une Nuits, 2001. Le journal de son premier voyage latino-américain, en 1952.

GUEVARA (Ernesto Che), *Otra Vez : second voyage à travers l'Amérique latine (1953-1956)*, Fayard, 2002. Le journal de son second périple latino-américain, qui le mène au Guatemala puis au Mexique, où il rencontre Fidel Castro. L'ouvrage contient en outre de nombreuses lettres de Che Guevara.

GUEVARA (Ernesto Che), *Journal de Bolivie*, La Découverte, 1997. Le journal de la guérilla bolivienne.

KALFON (Pierre), *Che : Ernesto Guevara, une légende du siècle*, Points Seuil, 2007. Une biographie désormais classique, récemment révisée.

LÖWY (Michael), *La Pensée de Che Guevara, un humanisme révolutionnaire*, coll. « Coyoacán », Syllepse, 1997. Réédition d'un ouvrage paru en 1970 sur les apports théoriques de Che Guevara au marxisme et sa pensée économique.

TAIBO II (Paco Ignacio), *Ernesto Guevara, connu aussi comme le Che*, Payot, 2001 (2 tomes). Une excellente biographie, récente et fouillée, du Che, écrite par l'un des meilleurs auteurs de la littérature latino-américaine, qui est également historien.

Index

Le numéro de renvoi correspond à la double page.

Afrique 28, 30
Alger 26, 28, 44
Amérique latine 10, 12, 28, 30, 32, 34, 36, 42, 44, 52
Arbenz (Jacobo) 12
Argentine 6, 8, 10, 12, 30, 32, 34
Batista (Fulgencio) 14, 16, 18, 20, 36, 52
Bettelheim (Charles) 36, 38
Brésil 8, 30
Bolivie 12, 32, 36, 44, 46, 48, 54
Buenos Aires 6, 8, 10
Castro (Fidel) 14, 16, 20, 22, 26, 28, 30, 32, 34, 36, 48, 54
Castro (Raúl) 14, 20, 22, 28
Chine 12, 28, 30, 36, 46
CIA 12, 30, 32
Cienfuegos (Camilo) 16, 20
Congo 30, 32, 46
Córdoba (Argentine) 6, 8
Cuba 12, 14, 16, 18, 22, 24, 28, 30, 32, 34, 36, 38, 40, 42, 44, 46, 48, 50, 52, 54
Debray (Régis) 32
De la Serna (Celia) 6, 30
Dumont (René) 40
États-Unis 12, 16, 20, 22, 24, 28, 30, 34, 42, 44, 46, 48, 50
Gadea (Hilda) 12, 14, 20, 36
Granado (Alberto) 8, 10, 12
Granma 14, 16
Guatemala 12, 34, 36
Guevara Lynch (Ernesto) 6
Kabila (Laurent-Désiré) 30
Khrouchtchev (Nikita Sergueïevitch) 28, 46
Korda (Alberto) 48, 50
La Cabaña 20, 52
La Havane 20, 24, 26, 28, 30, 34, 48, 52
La Higuera 32, 48
López (Ñico) 12, 14
Mao Tsé-Toung 12, 22, 28, 46
March (Aleida) 20, 36, 50
Marx (Karl) 8, 36
Mexico 14, 30, 46
Mexique 12, 14, 36, 46
Monje (Mario) 32
Moscou 22, 26, 28
Nicaragua 34
ONU 34, 44, 52
Pékin 22
Pérou 6, 10, 12, 20, 32, 34
Prague 32, 46
Santa Clara 16, 18, 54
Santiago de Cuba 14
Sierra del Escambray 16, 18
Sierra Maestra 16, 18, 20, 34, 36, 54
Urrutia (Manuel) 20
URSS 22, 24, 28, 38
Vallegrande 32, 48, 54
Venezuela 10, 12, 34
Vietnam 32, 34, 44, 46
Yougoslavie 22, 38

Dans la collection *Les Essentiels Milan*
derniers titres parus :

229 La démocratie
230 La migraine : mieux la connaître, mieux la soigner
231 Le Tour de France, un siècle de légendes
232 La littérature érotique, ou l'écriture du plaisir
233 Le sida en Afrique : des réponses associatives
234 De Gaulle et le gaullisme
235 L'illettrisme : mieux comprendre pour mieux agir
236 L'eau : source de vie, source de conflits
237 Jung, la passion de l'Autre
238 Prévenir les catastrophes naturelles ? Les marées noires
239 L'Europe à 25
240 Colette ou la saveur des mots
241 Les États-Unis, questions sur la superpuissance
242 François Truffaut, l'homme-cinéma
243 L'Allemagne nazie, la haine au pouvoir
244 Le clonage : fantasmes et réalité
245 L'Europe : le cheminement d'une idée
246 Le bégaiement : la parole désorchestrée
247 La question basque en France
248 Les TOC : quand le quotidien tourne à l'obsession
249 La loi de 1905 : quand l'État se séparait des Églises
250 Mondialisation – Altermondialisation
251 Le communisme
252 L'Italie de Mussolini à Berlusconi
253 L'Irak, de la dictature au chaos
254 Le terrorisme international
255 Jules Verne, le roman de la Terre
256 Saint Augustin ou la découverte de l'homme intérieur
257 La peinture de la Renaissance : l'ère des génies
258 L'économie solidaire : prendre sa vie en main
259 L'école en France : au carrefour des valeurs républicaines
260 Surfez tranquille : Internet en toute sécurité
261 Quelle éthique pour les sciences ?
262 La mémoire : ses mécanismes et ses troubles
263 Les dérèglements de la planète
264 Le manga
265 Cuba : la révolution trahie
266 Le harcèlement moral
267 Les nouveaux défis du pétrole
268 La dépression nerveuse
269 La peinture hollandaise : de Vermeer à Mondrian
270 Faire face aux pollutions
271 Michel Foucault : le philosophe archéologue
272 La maladie d'Alzheimer
273 Le Front populaire
274 L'obésité : le mal du siècle
275 La Méditerranée : berceau de l'avenir
276 Les thérapies comportementales et cognitives
277 Le livre aujourd'hui : les défis de l'édition
278 Le rugby
279 Pascal ou l'expérience de l'infini
281 Le développement durable
282 Les arts premiers : reflets sauvages d'Occident
283 La colonisation française

Directeur de collection
Dominique Auzel
Responsable d'édition
Carine Panis
Assistante d'édition
Sophie Boizard
Correction-Révision
Élisée Georgev
Iconographie
Anne-Sophie Hedan
Maquette-Infographies
Pascale Darrigrand
Couverture
Bruno Douin
Fabrication
Magali Martin

Crédit photo
p. 3 : © James Sparshatt/Corbis
p. 11 : © Oah/Jazz Éditions/Gamma
p. 16 : © Photos12.com/Oasis
p. 31 : © AFP
p. 44 : © Bettmann/Corbis
p. 49 : © Éric Cabanis/AFP

300, rue Léon-Joulin,
31101 Toulouse cedex 9 France

ISBN : 978-2-7459-2667-8
D. L. mai 2007
Aubin Imprimeur, 86240 Ligugé (P 7095
Imprimé en France